U0001702

投資高手
的獲利思維

從賠光一切到累積近億資產!
專為月薪族打造、比本金和技術更重要的「贏家心態」養成指南

最強上班族投資人

長田淳司 著

賴惠鈴 譯

領死薪水的上班族，
也能用投資股票財富自由！

大家是用什麼身分在投資股票呢？

是以專業的操作面對股票市場的全職投資人？

還是本身有正職，利用工作之餘投資股票的兼職投資人？

又或者是才剛要開始投資股票的股市新手？

投資股票的心法因人而異。

醜話先說在前頭，這本書介紹的股票投資法，主要是給「兼職投資人（也包括接下來才要開始投資股票的人）」的手法。

這套投資手法或許比較不適合每天沖來沖去的當沖客或以股票為本業，追求眼前利益的投資人。

但我相信，如果不是當沖客或投資客的兼職投資人，這本書應該是非常具有參考價值的投資手法。

因為我自己就是一位兼職投資的上班族，依照本書的投資手法慢慢地累積資產。

抱歉拖到現在才自我介紹。我是兼職投資的「現役」上班族，同時也是股票講座的講師——長田淳司。

我目前在某家金融機構任職，是利用工作之餘持續投資股票的兼職投資人，跟大家一樣，既沒有關於股票的內線消息，也沒有機構投資人那種專門的投資手法。我採取的投資手法非常平凡，任何人都能辦到。

我的投資經歷已經長達 15 年以上，經歷過無數的失敗（不止，是超級失敗），也成功地買過股價飆漲到 10 倍以上，也就是所謂「10 倍雪球股」的個股。

拜我從失敗中摸索出來的投資手法，腳踏實地、一步一腳印地持續投資後，資金已經是剛投資股票時的 100 倍以上了。**剛開始投資股票時，我只有 50 萬圓的資金，現在已經超過 7000 萬圓以上**，再過幾年就能躋身「億萬富翁」的殿堂。身為一名有正職的投資人，我自認已經是十分傲人的成果。

包含所謂的暴跌在內，過程中也經歷過好幾次股市下挫的情況。每次都因為手頭上的資金大幅縮水，內心受到重大的打擊，但總算是乘風破浪地走到今天。根據以上的投資經驗，我找到了現在的投資手法。

在這本書裡，我提到了我認為投資股票時特別重要的「思

考模式」及「心理素質」。

　　「明明在相同的條件下投資同一支個股，為什麼有人賺錢，有人賠錢呢？」

　　答案就在本書裡。

　　既然如此，什麼又是「能獲利的思考模式」與「能獲利的心理素質」呢？

　　相信各位看完這本書就會明白了。

　　除了前面的自我介紹，我也會為各位簡單地說明自己是如何摸索出現在的投資手法。

　　不管是已經開始投資股票的人，還是接下來才要投資股票的人，都希望我的投資經驗能給大家帶來一點幫助。

2021 年 7 月吉日
長田淳司

（序）
領死薪水的上班族，也能用投資股票財富自由！

第一章
成為「賺錢投資人」的
思考模式與心理素質

領月薪的二流投資人，提高獲利率的心態鍛鍊　　　12
- 盲買股票，第一次投資就獲利 20%！
- 只「憑感覺」在熊市交易，賠光所有資產
- 「股票的獲利，是忍耐的報酬」
- 善用「上班族才有的優勢」來投資
- 歷經四年的盤整期，不受影響、持續買進！
- 做好「一定會遇上空頭」的心理準備

第二章
從「賠錢韭菜」轉換為
「獲利贏家」的基本須知

股票，是最安全的投資　　　34
- 一夕致富的好事，很難發生在一般人身上

- 中長期投資有一半以上的機率能獲利
- 「錢放銀行」的觀念，已經過時了！

人氣拉麵店的股票，為什麼能賺到錢？ 46
- 「需求」，是觀察優質股票的第一課
- 相信公司會賺錢的「期待值」，是影響股價的關鍵

選擇適合自己的交易風格與個股 54
- 短期交易：關注時下熱議、價格波動大的「話題股」
- 高股息股利：比起快速賺價差，更重視定期收入
- 投資成長股：期待能賺取價差

想領股東會紀念品，要在哪個時間點買進？ 64
- 為了領取紀念品，結果買在股價高點？
- 利用行動心理學的「心態投資法」

觀察股價波動，要用「望遠鏡」，而非「放大鏡」！ 71
- 短期交易：就算是專家，也有 50% 機率賠錢
- 長期投資：才能吃到「最肥美」的部位

投資股票的獲利，是「忍耐」的報酬 80
- 接受股價常常在不動如山的「靜止狀態」

發生「商譽」的利空消息，要馬上停損！ 85
- 不再受到信任的公司，不會再獲利！
- 失敗、看走眼的教訓，是「獲利」經驗值的累積

能獲利的投資人，不會整天盯盤 92
- 看到短時間的股價波動，很容易隨便買賣！
- 花時間盯盤，一不小心就會感情用事

懂得判斷哪些是「不需要」的資訊 98
- 先看新聞標題，篩選掉「無關」的資料
- 能獲利的投資腦，只需要知道「官方第一手消息」
- 發現隱藏在生活中的利多訊息

如果猶豫，先買進 100 股再說 106
- 減輕「沒買到」的後悔心情
- 分批買進，預留加碼的空間

找到買進股票時的「有利局勢」 114
- 兩大基本原則：別追高、別全壓
- 憑「感覺」買進飆股，一定會被割韭菜！
- 觀察過去的股價波動，別在利多上漲時追高

買進時覺得「會下跌」的股票，通常都能獲利 123
- 不只要做好功課，更要耐心等待買進時機
- 買進當下很開心的股票，通常會賠錢
- 伴隨「恐懼」的心情，才是正確的交易

用「複利」打造「零成本」的投資心態 133
- 確保有足夠的資金，可以長期分批買進
- 定期定額、投入複利當本金

投資高手用的「獲利思維」實戰技巧

第三章

有機會高獲利的「小型成長股」，如何挑選？　142
- 市值小於 300 億圓、連續三～四年營收成長
- 在本益比相對「便宜」時買進
- 這家企業的董事長，是什麼樣的人？

最佳買進時機，要抓到眾人的「期待值」　153
- 達人不藏私的「期待值計算公式」，掌握買進時間

把暴跌當成「跳樓大拍賣」！　159
- 從雷曼風暴到疫情危機，暴跌最終會反彈上揚
- 趁暴跌時，以合理價‧便宜價買進夢想中的股票

分批買進，讓手上隨時保有加碼的餘力　168
- 股市既然會漲，那就一定會跌
- 保持部位並預留隨時可以加碼的資金
- 股價下跌，才是獲利的機會！

沒有「完美的交易」，但能避開「糟糕的交易」　176
- 別一口氣「梭哈」全部的投資本金！
- 股價盤整時，就是「分批買進」的安全時刻
- 「定期定額」分批買賣，有 99% 的獲利機會！
- 每月一次、定期分批買進，最適合上班族投資人

與其「買在低點」，不如定期分批買進　187
- 事先擬定分批買進的方案
- 定期分批買入，可以有效掌握股價動向
- 拉長分批買入時間，以免「一口氣攤平」

學會接受停損，是打造獲利心態的關鍵　196
- 做好獲利負數的準備，但不能習慣「帳面虧損」
- 「停損的重點」依投資風格而異
- 讓上漲個股的獲利最大化

能獲利的高手，看到個股起漲時都怎麼做？　206
- 好不容易上漲的成長股，別怕它「漲不動」
- 一直換股操作，是「投資魯蛇」的特徵
- 搭上話題順風車的飆股，分批往上賣

以長期持有，養大「10 倍雪球股」　216
- 好不容易漲到 2 倍，想賣掉停利很正常！
- 設定「漲到 2 倍時先賣一半」，以鎖住獲利
- 有些長期持有的個股，有機會漲到「50 倍」
- 設定停損和停利的標準，是投資贏家的基本功

〔後記〕
投資獲利的祕訣，就是持之以恆　229

〔編註〕書中的數字金額皆為原書中的日圓單位。

（第一章）

成為「賺錢投資人」的
思考模式與心理素質

領月薪的二流投資人，提高獲利率的心態鍛鍊

盲買股票，第一次投資就獲利 20%！

　　我第一次聽到「股票投資」這個名詞，是在讀大學的時候，從以前就投資股票的祖父那裡聽到的。

　　當時的我別說是股票投資，對政治、經濟都沒有半點興趣。鎮日與意氣相投的朋友從事社團活動，打工領到的薪水也一下子就花光了，想也知道幾乎沒有存款。

　　大學三年級的夏天，我去住在遠方的祖父家省親時，祖父問我：「你要不要也來投資股票？」

　　「從 50 萬開始，隨便找一支自己喜歡的股票來試試看，很有趣喔！」

對當時的我而言，投資股票完全是陌生的領域，給我八竿子打不著的印象。隱約知道母親也在投資股票，但家人間從未討論過相關的話題，我就是個無憂無慮的學生，對「投資」可以說是一無所知。

當時（2000 年代中葉的股票市場）股票的最小單位跟現在不一樣，是以「1000 股」為主（部分高價股也有以 100 股為單位的股票），一次至少就要投資 20 ～ 30 萬圓左右。50萬圓頂多只能買到 1 支股票（1 單位）或 2 支股票（2 單位）。

拿著祖父借我的 50 萬圓為本金，心想「要買什麼股票呢？」無可無不可地翻開報紙的股票版，上頭密密麻麻地印滿了上市公司前一天的股價波動。

「選擇這麼多，根本不曉得該買哪支股票才好……」

煩惱了半天，我從每個人都聽過名字的公司裡買進「1 股NTT 的股票」。

或許是新手的好運，股價還不到 1 個月就上漲了，我很順利地賺到 10 萬圓。

「什麼都沒做，錢就變多了！」

學生要靠打工賺到 10 萬圓非常不容易，然而靠著股票交易，居然能轉眼間就賺到 10 萬圓。第一次獲利了結的時候，我簡直樂壞了。

從此以後，我就成了股票交易的俘虜。

我的日常生活也發生了改變，變得對日經新聞的內容及電視上的新聞十分敏感，就像剛學會投資的人都有的通病，從得到其他人不知道的股市知識中得到快感。

至於我的投資績效，自從靠新手好運獲利的 NTT 以後，投資績效有賺有賠。

只「憑感覺」在熊市交易，賠光所有資產

順利地從大學畢業後，我進入社會，開始正式投資股票。

新進員工的薪水少歸少，但因為我住家裡，工作滿一年之後，就累積了 100 萬圓左右的存款；工作兩年後，手頭上的資金增加到 250 萬圓左右，投資績效可謂一帆風順。當時的股票市場在小泉政權的領導下，一直處於買什麼賺什麼的狀態，所以沒花多少時間，250 萬圓的資金就翻倍增加到 500 萬圓。

然而，在我順利地藉由投資股票增加資金的 2008 年秋天，發生了雷曼風暴。

原本順風順水的行情不斷下挫，持股的股價也跟著一再探底。日圓對美元的匯率漲到無法無天，一口氣漲破 1 美元對 80 日圓。眼睜睜看著手邊的資產以數十萬圓為單位逐漸減少，感覺就像是「資產正在流失」。

　　儘管如此，只有未實現獲利減少的時候，我還能保持理性思考。因為股票市場的論調大都認為雷曼風暴是發生在美國的金融危險，與日本無關，所以我認為遲早會告一段落，恢復上漲趨勢。

　　然而，雷曼危機漸漸地也開始波及到日本的金融機構，對實體經濟的影響愈來愈嚴重，電視及報章雜誌皆以「百年一次的金融風暴」為標題來報導這件事。

　　到了 2008 年的下半年，股票市場開始呈現恐慌的拋售潮。與此同時，我的股票資產轉眼間就少於 200 萬圓。其實在那個時候，只要乖乖地等風暴過去就好了，但我居然貪心地碰了絕對不能碰的東西。

沒做功課就想挑戰高手的交易，當然慘賠

　　為了挽回雷曼風暴造成的損失，我妄想一夜致富，開始從事「日經 225 期貨選擇權交易」。

　　如果使用方式正確，選擇權交易是很方便的交易，但同時也是只有高手才能碰的交易。

　　簡單地向不知道選擇權交易是什麼的讀者解釋一下，日經225 選擇權交易類似買賣保險商品，買保險的人是為了以防萬一，賣保險的人則是以統計學上能產生利益的價格販賣保險。就機率而言，是賣保險的人占了壓倒性的優勢，但是在發生意

料之外的狀況時對賣方相當不利。

我當時做的就是「保險的賣方」，展開乍看之下一定能賺錢的選擇權交易。這是在預料股市的價格會收斂在一定的範圍內所進行的交易。一開始也拜新手的好運所賜，前兩次都有賺到錢；於是，我認為行情一時半刻不會反彈，往股價不會上漲的方向（賣方）賭一把。

問題是第三次，我終於慘遭股市的洗禮。股價以我意想不到的速度持續上漲，原本跌跌不休的日經平均股價指數居然不再下跌了。不僅不再下跌，股價還開始盤整，沒幾天就開始勢如破竹地上漲。

我只能開始祈禱。

「股價為何會上漲？現在這麼不景氣，股價應該會繼續探底才對啊。只要再忍耐一下，股價應該會再下跌……給我跌！」

這種苦悶的感覺，或許只有利用槓桿交易賠過大錢的人才能明白。投資股票時，即使有帳面虧損也能計算出損失的大致金額，但是用上槓桿的選擇權交易，如果股價的漲跌與自己預設的方向相反，就會產生相當大的損失。續抱部位是地獄，真的停損也是地獄……我被逼入絕境了。

原本是抱著「只要賺幾萬圓就跑」的心態在交易，不料股價的漲跌卻與我預設的方向完全相反。結果損失愈來愈慘重，

選擇權的價格很快就來到我設定為斷頭線「至少不能負債」的停損點。

原本顯示於螢幕上的赤字一鍵歸零，但付出的代價是保證金只剩下一點點。我無法接受這麼冷酷的機械化停損的現實，呆坐在電腦前，一時動彈不得⋯⋯

事情發生在一瞬間。

一瞬間賠光身家，受到巨大打擊

最後的結果是賠了 50 萬圓，我挑戰選擇權交易的野心至此告一段落。

因為雷曼風暴的虧損，妄想一口氣翻身、卻又在日經 225 選擇權交易慘敗⋯⋯我失去所有的投資金額。也就是說，我損失了當時所有的身家。

當股價暴跌時，心理狀況也很不平靜，工作時滿腦子都想著投資股票造成的損失。20 多歲的年輕人在日商公司上班的月薪約 20 多萬，因此相當於工作一天可以賺到 1 萬圓，而我居然不到半年就賠掉工作一年以上也賺不到的金額。

當時我真的身心俱疲，自開始工作以來一點一滴投資賺來的錢全都賠光了，令我難過得睡不著覺；500 萬圓的損失對 20 多歲的年輕人來說，實在太巨大了。

「早知道會在股市裡一次賠光，還不如盡情揮霍算了。投

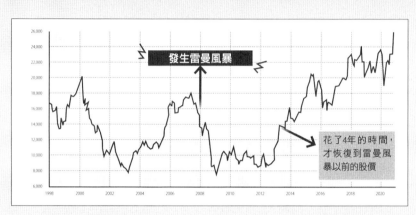

雷曼風暴時的日經平均股價走勢圖

發生雷曼風暴

花了4年的時間，才恢復到雷曼風暴以前的股價

2007 年，因為美國的住宅泡沫破掉，導致全世界都陷入了金融危機，美國投資銀行雷曼兄弟因為損失慘重而破產倒閉。美股暴跌也波及到日本市場，原本 18,000 圓的日經平均股價指數一度跌破 7,000 點大關（6,994.90 圓）。花了 4 年以上才恢復。

資股票賠的錢可以做多少事啊！去旅行、吃一大堆美食……」

明知只是徒增傷感，還是忍不住拿出計算機，每天都在想那些錢可以做什麼。「假設出國旅行花掉 30 萬、吃大餐花掉 10 萬……還能買新鞋和新皮包……」等等，滿腦子都是這些想了也沒用的事，這大概就是忘不了前女友的傷心男子的寫照吧！

現在回想起來，實在太丟臉了，但當時還是投資新鮮人的

我，真的一天到晚因為手頭上的資金打了水漂而愁眉苦臉。

我大概悶悶不樂了一個月左右，但是投資人這種生物，即使再沮喪，過了一段時間又會開始蠢蠢欲動，內心湧出在曾經讓我一敗塗地的股市「再挑戰一次」的念頭。

「股票的獲利，是忍耐的報酬」

如今再回頭看，當時的我失去了投資股票時不可或缺的「冷靜」。**在買賣股票的一開始就「熱血衝腦」，而且股價一上漲就馬上停利，下跌卻又放著不管，可以說是典型的「輸家的交易手法」。**

若不徹底擺脫這種習慣，遲早會重蹈覆轍。

「現在的作法不對！希望自己能改掉每逢暴跌必驚慌失措的壞習慣。」

我深自反省後，開始思考能穩定投資股票的作法。

「該怎麼做，才能改變過去的投資手法呢？」

身邊並沒有熟悉股票投資的人，因此我看了一大堆跟股票有關的書。這並不代表看了之後就一定能靠投資股票賺錢，但我當時需要能讓自己繼續投資下去的心靈支柱。

看了各式各樣與投資有關的書，最後是從邱永漢先生的著作中得到啟示。邱先生誕生於日治時代的台灣，是被譽為「賺

錢之神」的人物，也是很活躍的經濟評論家、經營顧問。

其中最令我印象深刻的一句話是「投資股票的獲利，是忍耐的報酬」這句名言。

「買進股票之後，一定要耐心等到漲至想要的價位，即使股價暫時下跌，也要耐心等它漲回來。賣掉以後不要馬上急著建立部位，要耐心等待時機到來。」

邱先生說，投資就是不停的忍耐！我有如五雷轟頂地領受「獲利與持續忍耐是對價關係」這種思考模式。

說到我之前的投資手法，完全不知道要耐心等待投資時機，總是想買就買、想賣就賣；只有稍微有點獲利就停利，有損失則攤平或放著不管，幾乎毫無計畫和章法，只是隨心所欲地「憑感覺」買賣股票。

過往的投資結果之所以看起來績效還不錯，無非是因為剛好碰到雷曼風暴前，隨便買都能賺錢的多頭行情。

然而這種作法很容易陷入「賺少賠多」的投資陷阱，換句話說，無論有沒有發生雷曼風暴，只要我繼續採取這種交易手法，早晚要賠錢。

善用「上班族才有的優勢」來投資

我很清楚自己看再多書也沒用，因為我的基本功不夠紮

實，過去的操作是很典型的「菜籃族」交易手法。

問題是再怎麼長吁短嘆，賠掉的錢也不會再回來了。如果要再挑戰一次投資，就必須採取下一個行動。

一敗塗地的我如果再跳進股票市場，這次一定要選擇適合自己的投資手法。因為我知道已經不能再像以前那樣胡亂投資了，必須建立適合自己的投資模式。

只要上班，每個月就有穩定的投資本金

這時我注意到一件事：有沒有辦法利用身為上班族的優勢來增加資產呢？

雷曼風暴雖然害我失去了所有的財產，幸好我是上班族，每個月都能有穩定的收入。如果是全職投資人，一旦賠光資產就得黯然退場，但兼職投資人只要不放棄投資，就還有機會東山再起！想到這裡，內心不禁湧出了鬥志。

起初為了一口氣扳回損失，試圖以短期交易讓資產倍增，如今我總算發現，短期投資的難度其實非常高。市場行情時時刻刻都在變化，要想出一套保證自己隨時都能獲利的方法非常困難。

利用電腦從事當沖交易時，螢幕的另一邊是資金、經驗都比自己豐富的專業投資人或機構投資人，必須隨時判斷他們的操作，立即做出反應的短期交易，實在不適合我這種股票新手

而且又有正職工作的人。

因此我決定改做不會被短期市場環境左右的長期投資，除此之外，我還設定了目標。過去投資時並沒有想太多，所以這次先設定「50 歲的資產要達到 1 億圓」的目標。

每年將一部分的收入放在用於投資的資金裡，20 年應該能賺到 2 至 3 千萬圓；萬一投資失利，應該也能留下 1 千萬，如果大獲全勝，還有機會成為「億萬富翁」，再加上退休金，應該能存到未來能悠閒度日的資產。

在評估了投資計畫後，我認為「如果是這種方法，報酬應該會高過風險」。

賠掉 500 萬圓固然很傷，但我還有時間可以扳回一城，只要慢慢地賺回來就好了。換個積極的角度思考，「20 多歲的時候就遇到市場暴跌，賠光所有資產，總好過到了 40 多歲甚至 50 多歲才蒙受巨大的損失」。

這麼說來，雷曼風暴雖然讓我賠了很多錢，卻也幫我賺到後來投資股票的本金。

股市低迷，正是開始撿績優股的好時機

當時的股票市場慘澹到如果是買在高點的人，幾乎都不想登入證券戶頭查看股價，但是對於正打算買進股票的我來說，可以說是千載難逢的好機會。經濟的前景一片黑暗，民主黨政

權完全沒有要拉抬股價的意思，雷曼風暴後的股價全部處於跳樓大拍賣的狀態，殖利率5%左右的績優股滿地都是。

當時市場上也流傳著因為業績惡化，未來配股配息會減少的風聲，因此根本沒有人要撿高殖利率的個股。

一旦決定要配股配息，企業就會想方設法維持住那個金額，只是稍微不景氣還不足以動搖上市公司的財務體質。簡言之，因為過去都有留下保留盈餘（相當於個人的銀行存款），所以能運用那筆資金，讓股利維持在相同水準。

因此，我判斷「只要買進100萬圓『殖利率5%』的個股，就能穩定地收入5萬圓」，每次發薪水時，都先預扣要用於投資的錢，拿來買股票。

當時我買的股票有Amano（6436）、日本麥當勞控股（2702）、Mani（7730）……等等。

歷經四年的盤整期，
不受影響、持續買進！

不僅如此，對我而言還有一件很幸運的事，那就是雷曼風暴那幾年，股價都沒有上漲，始終在低廉的價位持續盤整了4年左右。

這4年來，除了每個月領到的薪水以外，我還加上年終獎

金，全都拿來投資。當時的殖利率很高，所以來自股利配發的金額愈來愈多，也讓我有底氣繼續投資。

當時市場上都說「現在是百年一次的超級不景氣」，但我不這麼認為。因為回顧日本過去 100 年，應該還有過更加艱苦的時期。

說到 100 年前，剛好是日俄戰爭剛結束的時候。關東大地震、太平洋戰爭、石油危機、泡沫經濟破滅、金融風暴……等，我們的父母、祖父母和曾祖父母的世代都克服巨大的磨難，奠定日本經濟的基礎。對我來說，這些都是歷史上的往事，但只要發揮想像力，我也不覺得雷曼風暴是什麼「百年一次」的超級不景氣。

一日三餐都能吃飽，既沒有從天而降的炸彈，也不會遇到扒手或搶匪，每天都能過著安穩的日子，卻輕率地用「百年一次」形容這種程度的不景氣，對祖先簡直太失禮了。股價確實跌得慘兮兮，但我並不認為日本經濟會從此一蹶不振。

沒想到，當雷曼風暴過去 3 年後，股價又因為 311 大地震跌得慘兮兮。

不過，當時我已經重啟股票投資 3 年，已然具備「就像傻瓜一樣持續買進股票」的穩定心理素質。

當時還沒有累積到龐大的資金，所以無法趁暴跌時大買，**但即使面對暴跌的局勢，也不會驚慌失措地亂賣股票，可以保**

持平常心，冷靜地持續買進股票。不管是核電廠事故導致放射性物質外洩，根本不是投資的時機，還是分區限電時，都能持續買進股票。

時間來到 2012 年底，「安倍經濟學」行情揭開了序幕。

民主黨交出政權，由安倍首相率領的自民黨再次執政後，引進量化寬鬆政策，市場非常買帳，股價一口氣三級跳。以前為了領股利買的 J-REIT（不動產投資信託）也漲了不少（現在回想起來其實賣得太早了），我在安倍經濟學行情開始前只有 700 萬左右的資產，隨著安倍經濟學初期的飆漲增加到 1500 萬圓，整個翻倍！

從此以後，我開始思考如何穩定地增加資產，慢慢打造出一套可以持續領到股東贈品及配股配息的部位，另一方面買進成長股以賺取價差的投資風格。

受惠於安倍經濟學的行情，**一面領取穩定的股利，一面投資成長性高，股價可能會漲好幾倍的個股**──我的投資風格至此大致確立。善用一開始因為雷曼風暴而狠狠摔一跤的經驗，不再一味地追求利益，而是以能領到配股配息的個股為主，建立持股部位，隨著資產規模愈來愈大，也開始一點一點地買進防禦型股票。

做好「一定會遇上空頭」的心理準備

在那之後，2016年又發生了中國衝擊等等空頭因素，市場幾乎每年都會暴跌一下，股價也隨之下挫，每次股價下跌的時候，我都會在心裡默念，「投資股票的獲利，是忍耐的報酬」。

導致股票市場暴跌的原因千奇百怪，不妨想成股市每隔一段時間就會暴跌，當時不管基於什麼原因，都只是一條導火線而已。

與其仔細分析暴跌的原因，不如做好心理準備，暴跌是一定會發生、不可避免的過程。分析原因是評論家的工作，投資人的工作只有「那麼該如何因應？」這點。股價每次暴跌之後都會強彈，因此單純地思考什麼時候會反彈也很重要。

選擇優質的上市公司，讓他們來擔心股價

股價暴跌的時候，要擔心的是實體經濟是暫時受點傷，還是會受重傷。萬一發生政權動盪、經濟失序、自然災害、恐怖攻擊等事件，市場一定會動盪不安，引起暴跌。

置身於這樣的漩渦中，無論如何都會很在意眼前的狀況，例如實體經濟受到多大的傷害，擔心股價會不會再也爬不起來了，但實體經濟會柔軟地接受經濟的現況，再度轉為成長。不

同於評論家的工作就是毫無根據地信口開河，活在現實世界裡的公司會在瞬息萬變的環境中努力地存活下來。

假如上市公司無法因應環境的變化，根本連投資股票都不用想了。根據過去的投資經驗，我認為「只要有這樣的決心，就能面對各種挑戰」。

我只投資現股，所以不可能被洗出股票市場。

如果是信用交易，一旦做為擔保品的股票價格下跌，擔保價值會隨之降低，就必須匯入追加保證金（現金），稱為「追繳」。萬一無法匯入追加保證金，持股就會被強制買賣，造成莫大的損失，可能不得不因此灰頭土臉地退出股票市場。

但只要採取本書推薦、我自己親身實踐的「現股交易」，無論別人再怎麼倒貨，也不用退出市場。行情無絕對，但不管是理論上還是實際上，都沒有只做現股交易的人破產的例子。

我從無數的失敗中記取教訓，不知不覺中已經練就出股價下跌時「有本事就繼續跌！再多我也敢買！」的心態。

股票的利多消息，其實都公開在大眾眼前

與上市股票有關的基本投資訊息，全都要對外公布；根據金融商品交易法、公司法及交易所的規則，上市公司必須在規定的期限前公開所有規定的訊息。以投資房地產為例，由於利多消息只有少部分的投資人知道，為了賺錢可能要不擇手段地

獲得「不為人知的消息」，亦即所謂的內線消息，但投資股票大可以不必這樣。

以前能從證券業務員口中套到多少內線消息也可以看出股票投資人的實力，但現在可是不折不扣的犯罪行為。證券公司會嚴格管控消息，上市公司也會澈底管理內部資訊，因此一般人不可能得到內線消息，所有投資人得到的資訊都一樣。即便如此，還是有人成功、有人失敗。

目前有各式各樣的情報來源，只要努力蒐集資訊，就能輕鬆地研究公司業績有沒有起色；也有很多部落客會仔細介紹熱門個股給散戶投資人，如果將這些也視為公開資訊的話，有機會獲利的個股，可說是幾乎完全攤在陽光下也不為過。

即使是買賣技巧，基本上也可以說是全擺在檯面上了。投資手法多如過江之鯽，投資股票的交易風格大致可以分成著眼於價格波動，利用漲跌幅賺價差的短期交易和持有公司的股票直到企業價值上漲，就結果而言享受股價上漲進而獲利的中長期投資。

散戶與主力的分別，也是最關鍵的投資技巧是什麼？

在寫這本書的時候，我看了幾本寫給股市新手的投資書及《日經 MONEY》、《鑽石 ZAi》等財經雜誌，在投資手法這方面，許多前輩都已經詳細地解說過了，網路上也有許多奇奇

怪怪的投資手法。不僅能獲得有機會獲利的個股的公開資訊，投資手法也幾乎沒有人藏私。

但即使在如此公平的條件下，買賣同一支股票，還是有人賺錢、有人賠錢，到底是為什麼呢？這裡其實藏著投資股票最大的祕密。

「為什麼投資股票有人賺錢、有人賠錢呢？」

針對這個疑問，我對照自己的投資經驗，深思熟慮後，得到以下的結論——「成功的投資人與失敗的投資人，差別在於心理素質」。

說得再詳細一點，我認為能不能從「一般人的心態＝消費者的腦袋」轉換成「投資人的腦袋」，是投資勝負的關鍵。

投資股票是一種門檻很低，隨時都能開始的投資方法。但也因為很容易入門，沒有培養投資人必備的心態就貿然開始投資，犯下典型錯誤的投資人不勝枚舉。

過去的我也是這樣，情緒很容易受到股價變動的影響，變得很不穩定，不是手忙腳亂地賣掉停損，就是只賺一點錢就馬上賣掉，錯過後面一大段的漲幅。一言以蔽之，根本沒有任何投資手法，只是依照自己的直覺，隨便買、隨便賣而已。

這種心浮氣躁、毫無章法的投資方法絕非長久之計，正因為當時的我完全不具備「獲利的投資心態」，所以即使跟大家買賣同一支股票也賺不到錢。

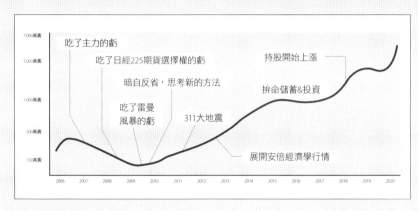

從資產翻倍到全部賠光,最後穩穩賺回更多!

- 吃了主力的虧
- 吃了日經225期貨選擇權的虧
- 暗自反省,思考新的方法
- 吃了雷曼風暴的虧
- 311大地震
- 持股開始上漲
- 拚命儲蓄&投資
- 展開安倍經濟學行情

可以看出我是從剛開始投資股票的失敗體驗中記取教訓,研究出中長期投資手法,自 2010 年以後就不再受到市場環境的變化影響,資金也順利地增加。

　　我在自己擔任講師的股票講座上,會毫不保留地講述自己的失敗談,沒想到有很多投資人都跟我有過相同的失敗經驗。

　　成功的方法因人而異,但失敗的方法都有一個共通點,本書就是由我這個兼職投資人根據過去投資失敗的經驗及從中學到的教訓整理而成。

　　我只是比各位稍微多走幾步路的投資人,目前也還在學習。至今仍經常犯錯,而且是很嚴重的錯誤。硬要說的話,我是「二流投資人」,之所以能一步一腳印地透過投資股票累積資產,是因為我已經順利切換成前面提到的「投資腦」。

　　大家也不用立志一定要成為一流投資人，其實二流投資人就很夠用了。

　　想要在股市中獲利，必須擺脫「賠錢的投資手法」。相信這本書所要傳遞給大家的訊息，對於接下來才要開始投資的人、或是已經開始投資但買什麼賠什麼的人，在盡量避免不必要的失敗、大幅縮短資金成長的時間上一定很有幫助。

　　說穿了，這本書其實是給對投資股票還沒有免疫力的新手或初學者的「預防接種」，想必能成為後疫情時代投資股票的「疫苗」。

　　投資股票能否獲利，關鍵就在於心態！接下來就實際為大家講解要如何變成「投資腦」，練就「成為賺錢的投資人必備的心態」！

作者持有的個股數／成本／損益一覽表

個股	持有股數	取得成本	現值	帳面損益
檜家集團（1413）	300	1,375	2,566	355,500
Azia（2352）	200	857	2,130	254,600
價格 .com（2371）	500	1,696	3,410	857,000
TEMAIRAZU（2477）	800	4,988	6,420	1145,600
NEXT FUNDS 外國 REIT 無避險（2515）	1,700	902	1,158	435,200
PICKLES CORPORATION（2925）	100	2,150	3,230	108,000
MonotaRO（3064）	600	1,942	2,575	379,800
Hamee（3134）	2,800	1,107	1,681	1607,200
Gremz（3150）	3,000	1,036	1,812	2328,000
HotLand（3196）	100	1,135	1,408	27,300
GA TECH（3491）	1,000	2,857	2,023	△ 834,000
Enigmo（3665）	800	1,242	1,423	144,800
SHIFT（3697）	100	1,155	16,830	1567,500
RAKUS（3923）	2,800	912	2,261	3777,200
IR Japan HD（6035）	200	296	13,830	2706,800
Shin Maint HD（6086）	3,300	509	978	1547,700
OPTORUN（6235）	600	2,632	2,536	△ 57,600
野村微科學（6254）	500	686	3,850	1582,000
技研製作所（6289）	600	4,216	4,555	203,400
雷泰光電（6920）	100	8,835	20,630	1179,500
GMOFHD（7177）	2,000	587	848	522,000
EGuarantee（8771）	800	1,568	2,260	553,600
Starts Proceed（8979）	1	161,133	243,800	82,667
SILVER LIFE（9262）	100	2,045	2,419	37,400
日本 BS 放送（9414）	100	977	1,111	13,400
NEXT FUNDS 外國 REIT 無避險（2515）☆	250	960	1,158	49,500
Hamee（3134）☆	500	587	1,681	54,700
SHIFT（3697）☆	300	4,970	16,830	3558,000
RAKUS（3923）☆	1,200	205	2,265	2472,000

※ 現值、帳面損益為 2021 年 6 月中旬的統計資料。☆為透過 NISA 持有的個股。
目前持有 25 支個股，包括含有巨大獲利（未實現獲利）的個股在內，除了 2 支個股外，
全部持股皆為正報酬（未實現獲利）。現階段的未實現獲利超過 2,700 萬圓。總資產
為 7,000 萬圓以上。

（第二章）

從「賠錢韭菜」轉換為「獲利贏家」的基本須知

股票，是最安全的投資

「我想開始投資股票，可是又害怕賠錢，所以遲遲不敢開始。」

「我才不投資股票，上上下下的股價跟賭博沒兩樣，太危險了，我不敢出手。」

像這樣對投資股票有錯誤認知的人想必也不在少數。

我之所以能斬釘截鐵地說那是「錯誤的認知」，是因為投資股票絕不是賭博。不，非但不是賭博，為了增加資產，再也沒有比投資股票更安全且優異的手段了。

看到這裡，大概也有人會反駁：「胡說八道！玩股票賠到傾家蕩產的人明明一大堆。」事實上，再也沒有比投資股票更安全且優異的資產運用手法。

像我這種兼職投資的上班族，必須想清楚該怎麼利用投

資股票來增加資產，也就是該怎麼成為「賺錢的投資人」（反過來說，就是要成為不會賠錢、不會被洗出場的投資人），因此除了投資技術，思考模式、心理素質等自我控制就變得很重要，**但首先要放下對投資股票的錯誤認知，了解投資股票的本質，認清投資股票與賭博的不同。**

這也是切換成投資股票能確實獲利的「投資腦」的第一步。

一夕致富的好事，
很難發生在一般人身上

不只賭博，世上充滿了聽起來好像能賺錢的好事。

其中絕大多數都是疑似詐騙的可疑陷阱，但不管怎樣，為了賺錢都必須冷靜地分析交易結構，「賺大錢的可能性有多高」，確認期待值（獲利的機率），盡可能避開機率不高的交易。只要別太貪心，冷靜地判斷，應該就不會靠近可疑的陷阱。

有高機率成為輸家的遊戲，你敢玩嗎？

日本承認的賭博，包含官方主辦的競技賽事（賽馬、賽艇、自行車比賽、摩托車比賽）、柏青哥（小鋼珠）、彩券……但是要靠這些賺大錢的機率太低了。這些賭博都設定成要給莊家抽成的結構，玩愈多次，莊家賺的錢愈多，最後賠錢的可能性非常大。

像是官方主辦的競技，投注金的 25%（摩托車比賽為 30%）將由經營比賽的團體均分。假設一場賽馬總共收到 100 萬圓的投注金，總獎金只有「75 萬圓」，25 萬圓將由主辦方 JRA 收走，因此總獎金永遠只有 75%，冷靜地計算一下就能發現，再怎麼玩都只會讓資產減少。

柏青哥的回饋率沒有官方發表的數字，因此只能靠推測，大概只有 85% 左右。85% 這個數字和其他賭博比起來似乎比較高沒錯，但還是有 15% 要分給莊家。

再說了，除去打小鋼珠的專家，我幾乎沒聽說過一般人靠玩柏青哥「白手起家」的案例。另一方面，因為沉迷於打柏青哥而欠了一屁股債的例子倒是時有所聞。

彩券的回饋率則約為 45% 左右。每年到了年底的彩券旺季，經常會看到幻想一夜致富的人在彩券亭大排長龍，但那些人裡面幸運中獎，變成億萬富翁的機率只有千萬分之一。即使買了一輩子，中獎的機率還是微乎其微。說得直接一點，彩券根本是買多少賠多少（如果一次買 10 張，倒是有 1 張會退回最低金額的獎金）。

如果用一句話總結賭博的特徵，「零和」遊戲無疑是最恰當的形容詞。換句話說，賭博是一種只要有人賺錢就有人賠錢的交易。當然還是有人賺錢，但如果不是箇中老手，一般人想要一直賺錢，無異於天方夜譚。

　　與賭博略有不同，但是從「與賭博差不多的交易」的角度來看，「短期交易（如當沖）」或許也是一種賭博。股票、外匯、期貨等短期交易的回饋率將近 100%。問題是，假設一整年結算下來，投資人有獲利，就得繳交約 20% 的稅金。而且實際上每次交易的時候，除了價差（買進價格與賣出價格之間的差異）外，還會徵收買賣手續費、利息和其他手續費，因此在交易的過程中，資金也會逐漸消耗。

　　短期交易是難度很高的交易，但絕不是贏不了的交易，事實上也有很多投資人持續獲利。但因為是資金量、資訊量都占了壓倒性優勢的機關投資人（法人）也加入的市場，所以要在片刻不能鬆懈的嚴峻市場上獲利並存活下來，需要相當高明的手腕。

　　股票、外匯、期貨等短期交易，也是所謂的「零和遊戲」，因為只要有人賺錢、就有人賠錢。從資產運用（增加資產）的目的來看，最好還是不要碰這些賭博或近似賭博的交易。

中長期投資
有一半以上的機率能獲利

　　那麼，「股票投資」和上述的賭博、短期交易等等，又有什麼差別呢？

不同於當沖等短期交易，如果是以「年」為單位進行交易的「中長期投資」，增加資產的機率則高上許多。也就是說，跟賭博不一樣，投資股票是「能獲利」的。

　　企業透過經濟活動，持續獲得利益，因此只要是成長企業，中長期投資下來就能透過股價上漲、配股配息、股東贈品等形式獲得投資的利益。想當然耳，如果是業績不好的企業就無法獲得這些利益，但是只要在選擇股票的時候沒有看走眼，買進具有成長性的個股，股價就會上漲。

長期看來，股價趨勢不斷上漲

　　從市場的角度來看，只要經濟持續成長，股價就會不斷走高。包括美國在內，無論觀察哪一個國家的指數，但凡經濟成長的國家，股價皆呈現持續推升的狀態。就連泡沫經濟破滅後，曾經低迷一段期間，始終處於盤整狀處的日本股票，到了2021年6月的日經平均指數也恢復到將近3萬點（註：2022年3月曾下探至2萬4千點，至8月底時則在2萬6千至2萬8千點之間擺盪）。基本上，所謂的資本主義經濟便是以擴大產能、經濟成長為前提，所以股價會跟著上漲也在情理之中。

　　只要理解這個原則，就應該明白投資股票跟賭博完全是兩回事。

　　賭博是零和遊戲，投資股票則是勝率高達50%以上的「正

和」遊戲。市場會一直成長、股價會一直上漲，所以只要別選
錯股票（當然也別選錯買進的時機），中長期的股票投資基本
上都有很高的機率能獲利。

　　只不過，雖說投資股票與賭博本質上不同，但就如前面的
說明，如果是包括當沖在內的短期交易，勝率還是很低。因為
股價短期內一定是隨機波動，即使是業績亮眼的企業，股價短
期內有時候也會下跌。因此短期交易會賺錢還是賠錢，機率其
實一半一半，說是跟賭博沒兩樣也不為過。同樣地，投資股票
也分成「短期交易」與「中長期交易」，兩者是完全不同的。

　　賭博是玩的次數愈多，賠錢的機率也愈高的遊戲；另一方
面，中長期的股票投資因為有企業幫忙賺錢背書，基本上企業
每年都會成長，所以像我們這種俗稱菜籃族／散戶的一般投資
人，也有 50% 以上的機率能獲利。

「錢放銀行」的觀念，已經過時了！

　　「但我還是覺得股票很可怕，擔心萬一買了之後股價下
跌，資產會愈來愈少。」即使聽完我以上的說明，想必還是有
人對投資股票裹足不前。

　　一旦對股票產生「賭博」的印象，就不容易擺脫這個印象
了，我也能充分理解遲遲不敢跨出第一步的心情。更何況，如

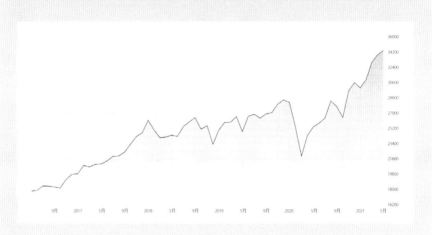

「美國道瓊平均指數」走勢圖

											36000
											34200
											32400
											30600
											28800
											27000
											25200
											23400
											21600
											19800
											18000
											16200

9月 2017 5月 9月 2018 5月 9月 2019 5月 9月 2020 5月 9月 2021 5月

經濟持續成長的美國股票市場，股價也呈現持續上漲的趨勢。一度吸收 2020 年因為 Covid-19 疫情所產生的跌幅，創出新高。上圖為截至 2021 年 5 月的走勢，此後，全球因通膨、升息和烏俄戰爭等因素，指數有所起伏。

果是投資股票賠過錢的人，要抹去「股票很可怕」的陰影肯定非常困難。

因此，我想問各位一個問題。大家是否認為「錢只要不花掉，存在銀行裡就不會減少」？

「這不是廢話嗎？只要把每個月的薪水都存到銀行裡，資產就會慢慢地增加了。」

大概也有人基於這種想法，透過「把薪水存進銀行」，一點一滴地累積資產。

　　但事實真的是這樣嗎？錢存在銀行裡就不會減少嗎？只要把每個月的薪水都存進銀行就能增加資產嗎？

把錢放在銀行，只會越放越少

　　遺憾地告訴大家，事實並非如此。如果錢只是存在銀行，實質上的價值會日漸減少，在目前這種超低利息的情況下，要靠存款累積資產，根本是癡人說夢。（註：日本銀行活期存款利率約為 0.001%）

　　為什麼呢？

　　就算你不投資股票，只要別人投資股票，就無法避免資產價值變動的風險。因為即使絕對的資產總額（手頭上的錢）不變，「相對的資產總額」也會變動。

　　舉例來說，假如你和你的朋友各有 100 萬圓。你朋友用那100 萬圓投資股票，而你選擇定存。假設股價漲到 200 萬圓，你的 100 萬圓還是 100 萬圓，但以相對價值而言，你朋友其實比你富有 100 萬圓（不過，假設股價跌到 50 萬圓，你的 100 萬圓在相對的價值上比朋友富有 50 萬圓）。

　　資產價值也會隨匯率而異，例如你在銀行存了 100 萬圓的定存，剛存進去的時候，匯率為 1 美元對 100 圓。這時你的資產若以美元計價是「1 萬美元」。可是當匯率變成 1 美元對 80圓，你的資產若以美元計價則為「100 萬圓 ÷80 ＝ 12500 美

元」。相反地，當匯率變成 1 美元對 120 圓，你的資產若以美元計價會變成「100 萬圓 ÷120 ＝ 8333 美元」。

換句話說，**即使一直抱著現金，基於與其他金融商品及匯率的關係，你的資產價值還是會不斷地變動。**

大概也有人因為不敢做股票、而選擇把資產存在銀行或購買保險之類的金融商品，其實是在不知不覺間買了獲利非常低的金融商品，幾乎沒有利息的定存就是最典型的例子。

存銀行、買保險……你正在被金融機構壓榨！

銀行或保險公司這些金融機構，會用存款戶（出資人）存在金融機構的錢買進各式各樣的金融商品（交易）賺取利差。金融機構再把賺到的錢撥出極少一部分，以利息或紅利的方式還給你。也就是說，**金融機構會用你存的錢再去賺錢，然後抽走大部分的獲利**，說穿了其實是種壓榨的行為。

不管是把錢存進銀行、買保險、還是藏在衣櫥裡，相對的資產價值都會變動，獲利都在不知不覺間被稀釋。

各位可能深信「100 萬圓就該有 100 萬圓的價值」，實際上卻不是這麼回事，相對價值可能減少了也未可知；**什麼都不做、光是把錢存在銀行的話，金額絕對不可能增加。**

如果想增加資產，就要投資股票。如同我前面的說明，投資股票並不是賭博；從經濟成長的大方向來看，股價會一路上

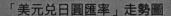

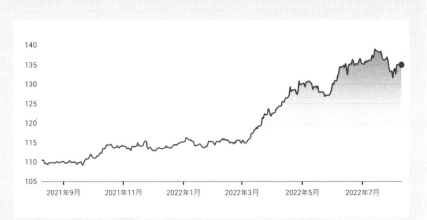

「美元兌日圓匯率」走勢圖

基於浮動匯率制度，美元兌日圓的匯率隨時在變；以 2021 年 9 月至 2022 年 8 月一年為例，就從 1 美元兌 110 圓～ 140 圓之間波動。美元兌日圓的匯率會受到日美兩國的經濟政策等影響。

漲。倘若是中長期投資，有 50% 以上的機率能獲利，沒有道理不投資。想建立資產的人，絕不會懷疑投資股票的優勢，反而會認為「投資股票是累積資產的不二法門」。

當你能把「想要獲利、增加資產，就要投資股票」這件事情，視為天經地義的「常識」，就是你身為投資人能否賺到錢的分水嶺；一開始金額不大也沒關係，請先養成「投資股票再自然不過」的心態。不投資個股也沒關係，可以先從指數基金

或 ETF 開始。

　　如果不知道該怎麼挑選個股，不妨買進「指數基金（設計成與日經平均股價指數或 TOPIX 等股價指數連動的一籃子股票）」就能賺取整個市場的平均利益。也不需要特別關注某家公司的業績。指數投資很適合不求賺大錢，只想腳踏實地增加資產的人。

　　不過，無論是投資個股還是指數基金，成功的投資人都相信長期下來一定能累積資產，鍥而不捨地持續投資。

　　請各位仔細想想：

　　「再也沒有比股票更安全的投資方式。」

　　只要能這麼想，就表示你已經切換成「投資腦」了。

股票不是賭博！

◆「**賭博**（賽馬、賽艇、自行車比賽、摩托車比賽、柏青哥、彩券）」→ **零和遊戲，有人贏，就一定有人輸**

◆「**短期交易**（股票、外匯、期貨）」→ **近乎賭博的零和遊戲**

◆「**現金、存款**」→ **有資產價值會相對變動的風險**

◆「**以年為單位的中長期股票投資**」→ **勝率 50% 以上的正和遊戲**

 結論

再也沒有比股票更安全的投資，以中長期來說，可以確實地累積資產。

人氣拉麵店的股票，
為什麼能賺到錢？

　　各位想要投資股票的讀者，是期待能得到什麼呢？

　　已經開始投資股票的你，買進目前手上這些特定個股的原因，又是什麼呢？

　　目的不外乎是為了賺錢。亦即想得到買進的股票上漲時的利潤（本書是以現股交易為前提，因此省略信用交易的買空賣空等以股價下跌來獲利的手法）。那麼，股價為什麼會上漲呢？答案出乎意料的簡單，「因為很多人都想買那支股票」。

「需求」，是觀察優質股票的第一課

　　確實沒錯。基本上不只股票，想要某種商品的人愈多，價格就會上漲。以前有石油價格因石油危機高漲，去年有口罩價

格因肺炎疫情高漲，就是最好的例子。

　　簡單地說，就是「想要的人（需求）」一旦大於「想賣的人（供給）」，價格就會上漲，這是由「供需法則」造成的價格變動。

　　那麼放在股票市場裡，「想要的人比較多」的股票，又是什麼樣的個股呢？

　　好比當製藥公司開發出新藥的利多消息（新聞）滿天飛，股價可能暫時一飛沖天，但基本上應該還是會有很多人比較想要「業績良好」、「業績將來可望成長」這種具有收益性、成長性的公司股票。

　　這是投資股票的基本原理，問題在於為什麼「業績好，股價就會上漲（想要的人變多）」呢？以下就帶大家看箇中緣由。

**　　如果要投資股票，一定要知道「股價上漲的基本原理」。**

反過來說，如果不知道股價為何會上漲的基本原理就貿然投資，當買進的股票下跌，可能就會怕得立刻賣掉。只要能理解自己買進的個股為什麼會上漲，就算股價暫時下跌，也能老神在在地繼續持有。

　　心態一旦崩潰，明明能賺錢的股票也無法獲利，為了培養「能獲利的投資腦」，必須知道股價上漲的基本原理。

　　那麼，以下便以拉麵店為例，簡單扼要地為各位說明一下股價上漲的原理。

用投資拉麵店，輕鬆解釋
「股價上漲／何時要賣」的原理

假設你認識一位廚藝非常精湛的拉麵店師傅，他想開一家自己的店，而新的拉麵店需要 1000 萬圓的資金才能順利開張。

老闆（師傅）一個人要拿出 1000 萬圓，負擔實在太大了，所以只準備了 100 萬圓的本錢，剩下的 900 萬圓想請 9 個人各出 100 萬圓。於是包括你在內的 9 位投資人都看中老闆精湛的廚藝，決定出資，順利開了新的店。

同時，9 位投資人請老闆（公司方）發行「100 萬圓的股票（1 股）」以做為出資的證明。包含老闆在內，一共有 10 位股東，合計共發行 10 股。

1000 萬圓的開業資金用來支付店租、採購食材（麵、高湯材料等等）、大鍋及平底鍋等烹飪器具、裝潢施工費用、桌椅等店鋪需要的器物。此外還得雇用工讀生，同時也必須製作傳單等宣傳新店開張的廣告費；當然，開店後的水電瓦斯費，也是成本的一部分。

剛開幕的時候，大家還不知道有這家店，所以客人很少，第一年幾乎沒什麼獲利。隨著店的知名度逐漸打開，客人也變多了，開業三年後，回頭客也增加了，得以產生穩定的利潤。

第三年的營業收入為 5000 萬圓，扣掉 4500 萬圓的成本（進貨費用、人事費用、店租等必要成本），一整年計算下來的獲

利為 500 萬圓（實際上還要繳稅，但是為了方便理解，此處先省略）。

接下來請思考：你身為出資人，可以分到多少獲利？

共 1000 萬圓的開業資金中，你出了 100 萬圓（花 100 萬圓買進 1 股），因此你有權分得這家店賺到的錢（獲利）的「10 分之 1」。以 500 萬圓的 10 分之 1 來計算，你可以分得的獲利為「50 萬圓」（實際上還要扣掉這家店的保留盈餘，所以獲利不會全部拿來分配給股東，但此處先略過不表）。

那麼，假設你需要資金成立新的事業，想把拉麵店的股權賣給其他投資人。

如果是你，你會賣多少錢？

以買進時的價格，也就是 100 萬圓賣掉嗎？

拉麵店已經完全上了軌道，處於客似雲來的狀態，由此預期明年至少也能維持今年的獲利水準。如果美味的口碑傳開，或許還能吸引到更多新的客人。這麼一來，明年、後年的營收可能會繼續成長，獲利繼續增加。想到這裡，你還會想用當初買進的 100 萬圓賣掉「1 股可以賺 50 萬圓」的拉麵店股權嗎？大概不會吧？！是我也不會。

你最早匯入資金的時候，還不確定事業能不能上軌道。幸虧有你身為股東，在那段風雨飄搖的期間仍繼續挺這家店，拉麵店才能每年產生盈餘。如今已確定拉麵店的業績能穩定獲

利，股票的價值當然跟你當初投入 100 萬圓時不一樣了。

既然如此，要以多少錢賣掉才好呢？

考慮到未來幾年的獲利，不是 500 萬圓就是 1000 萬圓，總之應該盡量以高於買進的價格賣出。

另一方面，站在想跟你購買拉麵店股票的投資人立場，如果以每股 500 萬圓買進，1 股的利潤為 50 萬圓，所以是「年報酬 10%」，如果以每股 1000 萬圓買進，則是「年報酬 5%」。如果拉麵店的營業額一如預期地穩定成長，報酬率還會更高。

計算股價與獲利的對價關係，只要能以更高的價格賣給認為「可以買進」的投資人，你就能靠拉麵店的股票賺錢。

假設以 500 萬圓（1 股）賣掉的話，「500 萬圓（賣出價格）－ 100 萬圓（買進價格）＝ 400 萬圓（獲利）」，則可以靠拉麵店的股票賺到 400 萬圓。

連續三年沒有起色的公司，股票價格當然也不好

前面的例子，是以拉麵店有賺錢的狀況來思考；反過來想想，假如拉麵店不賺錢的情況又會是如何呢？

開了三年，生意還是門可羅雀，第三年的營業收入為 4000 萬圓，扣掉 4500 萬圓的成本，還有 500 萬圓的赤字。

這時，你的想法是「無法獲利的拉麵店股票，一毛錢都賺不到」，想賣給別的投資人。

　　不過，在這個時間點的麵店股票，還能以當初買進的價格（＝ 1 股 100 萬圓）賣掉嗎？

　　開了三年還賺不到錢，表示除了無法增加來客數以外，可能還有其他問題，很難想像這種拉麵店會在未來突然大受歡迎、吸引很多客人上門。

　　試問有哪位投資人願意用開業當時的 100 萬圓買下目前已然虧損、將來也不太可能繼續成長的拉麵店股票？

　　或許其中也有不走尋常路的人願意買，但是從報酬率的角度思考，要以 100 萬圓賣出的可能性微乎其微。即便如此，你還是想賣股票，因此與投資人交涉，50 萬圓、30 萬圓……逐漸調降售價，總之必須降到投資人願意買的價格才賣得掉。這時終於出現「願意以 10 萬圓買下」的投資人，你只能含淚以 10 萬圓賣出。

　　因為是以 10 萬圓賣出以 100 萬圓買進的股票，「10 萬圓－100 萬圓＝負 90 萬圓」，在這場投資中，你損失了 90 萬圓（停損）。

相信公司會賺錢的「期待值」，是影響股價的關鍵

　　從這個例子可以看出，股票成交的價位，會落在「盡可能

想以高價賣出的賣方」與「盡可能想以低價買進的買方」交集的金額；這個原理之所以變得複雜，無非是因為證券交易所的買賣機制。

如果在證券交易所買賣，因為有好幾個買家與賣家在同一個地方（市場）買賣各式各樣的股票，即使不像拉麵店那麼單純，但股價上漲（下跌）的基本原理還是一樣。

各式各樣的條件都會造成股價的波動，但基本上都是受到公司獲利能否增加的期待值影響。獲利一旦增加，就能得到更多報酬，換言之就是可以得到配股配息，所以想買的人會增加，股價也會上漲。

話雖如此，短期的股價波動是由供需決定，因此股價的上下波動經常會超過理論值（期待值）。有時候不是個股本身的問題，而是像 Covid-19 疫情、雷曼風暴的系統性風險，也會造成股市暫時性的下挫。

然而，中長期能穩定持續獲利的公司，股價都會比較高；不賺錢的公司，股價則比較便宜。如果是以年為單位投資股票，通常都會抱著公司獲利成長，可以得到更多股利的期待。

在嘗試我個人親身實踐、也透過本書推薦的「中長期成長股投資」之際，希望各位能以前文提到拉麵店的例子，記住股價上漲（下跌）的原理，切換成能獲利的「投資贏家思維」，練就不會隨股價上下波動的強大心態。

COLUMN

賺錢的公司（拉麵店），股價一定會上漲！

◆「公司（拉麵店）賺錢」

⬇

想要那家公司（拉麵店）
股票的人變多 需求增加

⬇

需求 ＞ 供給
（想買的人）　（想賣的人）

⬇

股價上漲

◆「公司（拉麵店）不賺錢」

⬇

想要那家公司（拉麵店）
股票的人變少 需求減少

⬇

需求 ＜ 供給
（想買的人）　（想賣的人）

⬇

股價下跌

 結論

公司的獲利一旦增加，就能得到更多配股配息，
所以想要的人就會變多。

選擇適合自己的
交易風格與個股

　　雖然統稱為「投資股票」，但每個投資人都有各自的交易風格（投資手法）。首先，了解自己屬於哪種投資風格非常重要，接著再重新審視該風格是不是適合自己的投資手法。

　　想也知道，以不適合自己的風格投資股票，很難賺到錢。

　　事實上，市場上每支股票也各自有其股價波動的習慣（特徵）。股票的個性會吸引到不同的投資人：短期投資人、長期投資人、股利投資人、贈品投資人……等等，因此股價的波動也會不一樣。

　　如果投資風格和選擇的個股不適合自己，就無法進行穩定的投資。配合個人的投資風格選擇股票，是成為靠投資股票獲利的不二法門。

　　以下就帶大家看看，不同的投資風格該進行哪一類的股票

投資比較好。

剛開始投資的人自不待言，已經有投資經驗、但總是賺少賠多甚至賺不到錢的股民，也要停下來回顧個人的投資風格。了解並掌握適合自己的投資步調及應該投入的個股，是轉換成「獲利思維」的第一步。

短期交易：
關注時下熱議、價格波動大的「話題股」

先看以當沖為代表，在短期間內買賣個股的「短期交易」。

從事短期交易的投資人以具有流動性、買賣氣旺盛（成交量大）的個股為主，進行交易。

另外，如果沒有短期的價格變動（波動率）就無法獲利，因此選擇每天價格變動較大的個股是選股的條件。以股票用語來說是「波動率大」，主要鎖定價格變動較大的個股。

具體而言，主要鎖定 IPO（公開發行個股）後（剛上市）的個股、搭上趨勢順風車的話題股等等。這些個股多半是成長性大於業績，或者是具有高度話題性、價格偏高的個股，**買的是對將來的期待而非實際的業績**，因此強弱感很容易反應在股價上，導致價格波動變大。反過來說，短期交易要的就是價格波動大（波動率高）。

例如因為美國拜登政權推行的政策而成為熱門話題的「再生能源概念股」（Renova、West Holdings 等等），還有因為日本政府的數位化政策而受到矚目的數位轉型（DX）概念股（Data Applications、AIRU 等等），短期投資人會依照當時的政策等時代的潮流，挑選時下備受期待的「話題股」。

　　包括當沖在內的短期交易，就是要第一時間取得這種具有流動性、價格波動較大的個股資訊，迅速地做出反應。不像中長期交易，要一直抱著同一支股票，而是一再買賣、不斷換股，所以必須觀察技術指標，也需要交易技巧。

　　在這種情況下，以相同風格交易的對手中，多半是當沖客或機構投資人這種「專家」或「與專家無異」的專業投資人，如果沒有相對高明的手腕，無法整個交易時間全心全意地盯盤，就很難在短期交易中勝出。

　　股票市場有一派「生存機率較低」的說法，指的就是這種期待一夜致富、從事短期交易的投資人。

　　對自己的操作手法很有自信的人另當別論，否則這種交易風格不適合像我這種兼職投資的上班族。

高股息股利：
比起快速賺價差，更重視定期收入

如果是重視股利的投資風格，股價波動沒那麼大，交易頻率也不高，通常會吸引買賣頻率比較穩定的投資人。

當然還是期待股價長期下來能上漲，同時也追求穩定的股利，只要每年都能穩定地配股配息，就有很多股東願意長期持有，是其特徵。企業方也會盡可能讓業績保持穩定，好配發穩定的股利。

這類的企業除了有好幾個賺錢的事業體以外，也會購買有價證券，確實地留下保留盈餘，所以不管每年的業績好或不好，都會維持一定的業績，以確保能配發股利。

這些個股具有的優勢在於，投資人因為能確實地拿到股利，等於有資金穩穩地落袋，所以即使無法藉由股價上漲而獲利，也會願意繼續持有。

這種以穩定收股利為目標的投資人，可能會持有以下的股票，像是三菱 UFJ 金融集團（8306）、住友商事（8053）、歐力士（8591）、KDDI（9433）、武田藥品工業（4502）、東京瓦斯（9531）……等，這種家喻戶曉的大企業股票。另外，買賣這類個股的投資人，也有不少會以配息為目的買進 J-REIT（不動產投資信託）。

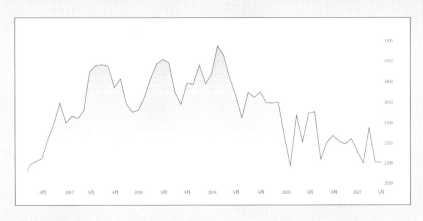

「東京瓦斯」的 5 年線走勢圖，屬於穩定的「股利型」個股

用 5 年線來看，不難看出股價都在 2 千～ 3 千圓之間穩定地波動，就連 2020 年 3 月因為 Covid-19 疫情下跌時，也落在 2100 ～ 2600 圓區間。是典型的「比起股價上漲所帶來的收益，更著重配股配息」的股利型個股。

　　為了領取股東會紀念而買進股票，也是比較接近以股利為目標的投資風格，屬於以獲得商品、服務、優惠券等股東贈品來獲利的投資法。想當然耳，這類投資人也對股價上漲有所期待，但更重要的是以領取股東贈品為主，因此也有很多人是以「股價只要保持穩定就行了」的感覺，長期持有這些股票。

　　如同以股利為目標的投資風格，這類股票也很容易吸引到平穩操作的投資人持有東方樂園（4661 ／迪士尼樂園門票優

待）、可果美（2811 ／商品禮盒）、東急（9005 ／股東優待車票）等與娛樂或興趣有關，具有實質利益的個股。

而如果想投資會有股東會紀念品的個股，我會在下一節分享「知道就是賺到的投資法」，有興趣但不確定怎樣最有利的讀者，可以參考看看。

投資成長股：期待能賺取價差

接著是「投資成長股」，成長股又分成小型成長股和比較大型的成長股。小型成長股的投資風格，是以市值不到 300 億圓且成長性高的個股為投資標的。

這種投資風格鎖定的企業本身還很年輕，還在發展，因此有很多不確定要素。多半都是本期淨利只有 2 億圓、3 億圓左右的公司，因此每到了公布財報的時候，投資人都會充滿期待，萬一不符預期，股價就會下跌。發行股數（流通在外股數）也不多，相較於大企業的股票，流動性比較低，因此只要基金等大手下單，股價就會劇烈變動。

反過來説，若是傳出任何利多消息，股價也可能一飛沖天，因此對於資金比較少的一般兼職投資人，也可能是大舉獲利的機會；實際上，我的投資組合也有 6 成左右都是小型成長股。只要挑選個股及買賣手法別犯錯，其實是很適合散戶投資

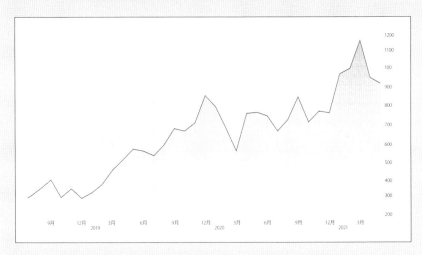

小型成長股：「S-Pool」三年內的成長獲利高

S-Pool 以派遣人員至客服中心、幫助殘障人士就業的農園事業為主，是每年獲利都能持續增加的小型成長股。股價經常上下波動，但是拉長到 3 年來看，股價從 300 圓漲到超過 1000 圓，基本上都順利地往上成長。

人的投資風格。

舉例來說的話，S-Pool（2471）、Hamee（3134）、Smaregi（4431）等等，都是屬於這種小型成長股。

至於鎖定市值比較大的「大型成長股」的投資風格，股價波動會比小型成長股穩定，但是比起追求業績穩定的股利型投資，目標還是希望看到股價的上漲空間。迅銷（9983）、日本電產（6594）、宜得利控股（9843）、GMO Payment Gateway

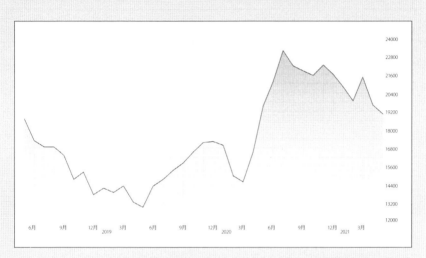

大型成長股：「宜得利控股」波動較小

宜得利控股也是獲利持續增加的成長股。不過，市值已經超過 2 兆 3000 億圓，屬於大型股，所以股價波動通常比小型成長股小一點。疫情時曾經暴跌到 13000 圓，但現在已經漲回來了，在 20000 圓上下波動。

以上兩支個股狀態為截至 2021/03 的觀察。

（3769）、M3（2413）等公司都是這類股票，如果是這種等級的企業，不只散戶投資人，機構投資人等專業的投資人都會將其列入投資組合。

由此可見，根據不同的投資風格，持有（鎖定）的個股就會完全不一樣。投資經驗愈多，光是看到別人的投資組合，就能知道那個人是什麼類型的投資人。

不妨再問一次自己，適合哪種投資組合？短期交易、高股

息，還是成長股？

　　如前所述，鎖定的個股及那些個股的價格變動趨勢會隨交易風格而異，投資股票時，要知道自己想從事什麼樣的交易，將適合那種交易風格的個股加到投資組合裡。

　　採取不適合自己的屬性及性格的交易風格會產生壓力，要是壓力過大，也會對交易的心態造成不良的影響。

　　投資股票是長時間持續累積資產的過程，請選擇適合自己，可以不費力地持續下去的投資風格。

COLUMN

四大交易方式，新手和小資最適合「這一類」

◆**短期交易**（當沖、短期的波段操作等等）

鎖定價格波動比較大的個股（IPO 個股、話題股等等）→在第一時間做出反應，不斷換股操作 → 對手是專業或半專業的投資人，一般新手或小資的生存率很低

◆**投資高股息、有股東贈品的股票**

持有業績穩定的大企業、提供股東贈品的個股 → 多半會長抱，交易頻率也比較低 → 比較穩定的買賣風格

◆**投資大型成長股**

鎖定價格波動比較穩定的成長股（迅銷、宜得利等等）→機構投資人等專家也會持有 → 鎖定股價上漲的空間勝於股利收入

◆**投資小型成長股**

鎖定小型、成長性高的個股（市值不到 300 億圓的發展中企業）→ 不確定要素過多，流動性太低，所以股價波動很劇烈 → 如果有什麼利多消息，股價可能會一飛沖天

結論

只要挑選個股及買賣手法別犯錯，「投資小型成長股」是很適合散戶投資人的投資風格。

想領股東會紀念品，
要在哪個時間點買進？

　　投資股票的魅力之一，就在於「股東會紀念品」。如同前面的章節說明過的，有的投資人會因為想要領取股東會紀念品而持有該企業的股票，有的投資人即使是以投資中長期的成長股為主，投資組合也會配置一部分可以領取股東會紀念品的部位。

　　其中當然也有對股價上漲沒什麼太大的期待，認為「只要能領到紀念品就行了」的投資人，有時候這種無欲無求的心態反而奏效，因為長期持有都不賣，結果股價漲一大波、因此獲利的情況也屢見不鮮，可以說是「無心插柳柳成蔭」。

　　例如經營客美多咖啡的「客美多控股（3543）」的股東贈品，是只要持有100股以上，就能為「KOMECA」預付卡充值1000圓（全年共2000圓）；也就是說，一年可享2000圓份的折扣。除此之外，每100股還能獲得3900圓的股利（2021

64

年的配息），等於可以得到股東贈品與股利的雙重優惠。

聽聞此事，愛喝咖啡的人大概會很感興趣，「不如來買個100 股吧」，不過，請各位稍等一下。

既然要買，當然希望買在低點，而非承受股價下跌的損失。如果能得到股東會紀念品，又能賺到價差，真可謂一石二鳥！因此我建議想要領取股東會紀念品的投資人們，要在適當的時機買進。

為了領取紀念品，結果買在股價高點？

那麼，為了領取股東會紀念品，要在什麼時買進才好呢？

從結論說回來，那就是「可以領到股東會紀念品的 2 ～ 3 個月前」，換句話說，以「權利日的 2 ～ 3 個月前」為佳。（註：台灣的「最後過戶日」是股東會召開前的 60 天，加上台股的「T+2」交割制，因此單純為了領取股東會紀念品的台股投資人，至少要在「股東會召開」的 62 天前買進）

這是為什麼呢？接下來　請從為了領取股東贈品而買進股票的投資人心理來思考。

為了領取紀念品而買進股票的時候，通常會在確定誰有權利領到紀念品前幾天買進。以剛才提到的客美多控股為例，會

在權利確定月的 2 月、8 月買進，而如果是「3 月底可以得到股東會紀念品」的股票，則通常會等到 3 月才買。

像是以下這些公司：東方樂園（4661）、歐力士（8591）、可果美（2811）、Kewpie（2809）、ANA 控股（9202）、KDDI（9433）、山田電機（9831）、東急（9005）……等，股東會紀念品大受歡迎、琳琅滿目的情況下，如果有想要的紀念品，常常會在權利確定日前，忍不住這支也買、那支也買地下單好幾支不同的股票。

我剛開始投資股票的時候，也有過為了得到配股配息或股東會紀念而在權利日前一刻買進股票，雖然得到配股配息和紀念品，可是股價在那之後卻開始下跌，慘遭套牢的經驗。

但即使股價下跌，也覺得「反正已經得到紀念品了，沒關係」，即使有帳面虧損，仍繼續抱了一陣子……正確地說，是「放著不管」。過了一年，等股價漸漸漲回當初買進的價格再賣掉，如此周而復始。

然而，事後冷靜下來想想，經由買賣可以賺到的金額遠比紀念品多得多，因為太想得到紀念品，反而喪失冷靜的判斷力。

話雖如此，愈接近決定股東會紀念品的權利交易日，就愈想買股票，也是人之常情，因為「可以的話想立刻看到結果」，是人類內心深處近乎本能的心理。倘若 3 月是權利確定日，通常都想在 3 月中買進，3 月底領取配股配息和股東紀念品。

　　然而，這時請先停下來稍作思考，我剛才提到「可以的話想立刻看到結果是人類的本能」，所以不是只有你有這種心態。「可以的話想立刻看到結果（得到股東會紀念品）」的人只有多、不會少，既然如此，其他「想領取紀念品」的投資人，也同樣會在 3 月中買進股票！

　　而且以得到股東會紀念品為目的、出手買股票的投資人，一旦達成目的，也就是知道自己有領取紀念品的資格後，就會馬上賣出股票。這麼一來，股價會有什麼變化呢？**「已經取得領紀念品的資格，於是就把股票賣掉」的投資人愈多，股價跌幅愈多。**

　　追蹤這段期間的股價波動，大致會如下發展：

　　從取得權利月的 2 到 3 個月前，大家尚未意識到股東會紀念品時，想要紀念品的投資人就開始慢慢出現了，一點一點地推升股價；然後在決定誰有權得到股東贈品的「最終交易日」幾天前漲到最高點，權利日後開始下跌。

　　股東會紀念品愈受歡迎的公司，這種趨勢愈強烈，如果不留意這點，在權利日前買進、權利日後賣掉的虧損，可能遠大於股東贈品的價值，例如為了取得 3000 圓的股東贈品，卻賠掉 1 萬圓。

利用行動心理學的
「心態投資法」

　　如果不想為了領股東會贈品，反而買在股價高點、造成虧損，該怎麼做才好呢？只要在確定股東贈品發放日的 2 ～ 3 個月前買進即可。（註：以台股狀況來說，在「最後交易日」、也就是「股東會召開日 +62 日」前的 2 ～ 3 個月，等於說是股東會召開的前 4 ～ 5 個月前開始買進）

　　這種買法可以在股價還沒有受到「為了拿股東會贈品而買股」影響的階段買進，比較不會受到投資人得到紀念品後拋售股票造成價格變動的影響。即使在權利日後股價下跌的情況賣出股票，也能在自己的買進成本上同時得到「股東贈品＋賣出股票的獲利」。當然，世事無絕對，**但至少比靠近權利日（最終交易日）再買進安全。**

　　除此之外，還有另一個方法是買進時機跟剛才說的一樣，都是 2 ～ 3 個月前，但不是買進 1 單位（100 股），而是買進 2 單位（200 股）。

　　站在領取股東贈品的角度上，只要買進最小單位（1 單位）即可（註：配發股東贈品的最小單位依公司而異，在台股的狀況，未必每一家公司的零股股東都可以領取紀念品，在下單前要多注意），但要買進 2 單位以上。其中 1 單位（100 股）可以在投資人為了股東贈

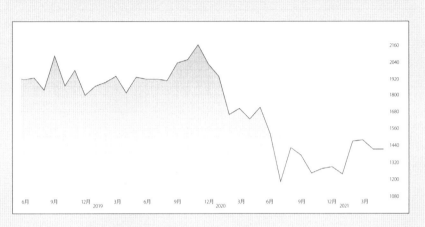

明顯會被紀念品投資人影響的「東急」

整體看下來，股價的變動還算穩定，但仔細觀察，往年在股東贈品權利取得月的 3 月、9 月會平緩上漲，取得權利後再平緩下跌。是主打股東贈品股的典型例子。

品買進股票、推升股價上漲時賣掉（放棄股東贈品）；另 1 單位（100 股）等確定有領取股東會紀念品的資格後再賣掉。

如此一來，因為在取得紀念品前即已獲利了結，所以即使股價在取得紀念品後下跌也沒有損失，就算賠點錢，考慮到股東會紀念品的價值，損失其實不大。

不敢說這樣一定能賺錢，但這也是一種利用想得到紀念品的人類心理的投資手法。**或許你自己對股東會紀念品沒什麼興趣，但還是要了解有很多投資人想得到紀念品的事實**，善加利

用這些投資人的動向，以上稱之為解讀人類行為心理學的「心理投資法」。

買進主打「股東會紀念品」股時要注意的點！

◆愈靠近權利確定日，股價愈容易上漲

搶在為了領取紀念品的投資人還沒開始買進的權利
確定日（最後交易日）2～3個月前買進

◆買進 2 單位（200 股）

權利確定前（股價上漲時）賣掉 1 單位（獲利了結）

權利確定後賣掉 1 單位（獲得股東贈品）

可以得到價差＋股東贈品

 結論

這類股票別等權利確定日（最後交易日）才買，
請提早 2～3 個月前買進。

觀察股價波動，要用「望遠鏡」，而非「放大鏡」！

「你用什麼觀察股價的波動？是用放大鏡？還是望遠鏡？」如果有人提出這個問題，你怎麼回答？

多數人頭上恐怕都會閃過問號，不明白這個問題是什麼意思；那麼，讓我換個比較容易理解的問法吧！

「你是只看見 3 個月後的投資人？還是看到 3 年左右的投資人？」

這麼一來就能理解剛剛的問題了吧！「用放大鏡看」看的是短期的行情，「用望遠鏡看」看的是長期的行情。你是哪一種人呢？

每個人看到走勢圖的時候都會想，「要是在那個價位買進、在這裡賣掉，就能賺多少錢」。

像是「為什麼要賣在這麼便宜的價位？明明可以賣得更高

一點」或「為什麼要買在這麼貴的價位？明明可以買得更便宜一點」。

但這些說穿了，全部都是馬後砲！在買進賣出交易的當下，投資人根本無法百分之百確認自己的買賣在高點還是低點。

在股票市場的世界裡，股價在買賣的時間點上漲或下跌的機率各為「50%」，只是剛好回頭看的結果下跌，但是那個時候說不定還會上漲；或是剛好回頭看的結果上漲，但是那個時候說不定還會下跌。

事實就是，投資人無法百分之百準備預測短期間的股價波動，無論再怎麼認真研究，衡量買賣的時機，股價在短期間的漲跌，仍與機率各半的賭大小無異，除非是專業人士，要正確地預測股價變化簡直比登天還難……不，應該說就連專家也很難預測短期間的股價變動。

要在如此難以預測的情況下從事短期交易，主要是靠股票走勢圖，找出一定的型態，衡量買賣的時機，因此要用放大鏡仔細地分析股價的趨勢。

另一方面，長期投資則是不管短期的股價變化，把投資的眼光放在幾年後，與放大鏡正好相反，要用望遠鏡觀察行情。

當然，正常人都會忍不住在意起眼前的價格波動，可是一旦決定要採取長期投資風格，最好別太在意短期的價格波動。

要從業績等成長性來判斷，倘若認為股價將來會上漲的趨勢不變，無論過程中發生什麼事都不要理它。因為只要最後賣掉的價位高於自己的買進成本，有賺到錢就行了。

被譽為「投資之神」，全球第一的投資家華倫・巴菲特也說過：「沒有人知道短期的行情會怎麼走。」

如果太在意眼前的漲跌，將會錯失原本可以大賺一筆的獲利；一旦決定要用望遠鏡，就不要再用放大鏡了。

短期交易：
就算是專家，也有 50% 機率賠錢

接著，帶大家看看兩種走勢圖型態——

（1）股價突然大幅滑落，然後再度上漲。（2）股價沒什麼下跌，一直緩步上漲。

用現在的時間點再回頭看這兩種型態的走勢圖，當然知道什麼時候要買、什麼時候要賣，但如果是現在進行式的股價，幾乎不可能百分之百地預測價格波動。

對於能利用走勢圖看出買賣時機的人，或許能預測下跌趨勢，趁股價下跌前先出一趟，以確保利益，再看準上漲的時機買回，以獲得利益。但這種手法需要相當高明的技巧，必須從走勢圖（包含各種資訊）中判斷適當的時機買進，再從走勢圖

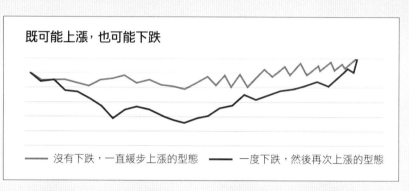

只看短時間的走勢，無法斷定漲跌

既可能上漲，也可能下跌

―― 沒有下跌，一直緩步上漲的型態　　―― 一度下跌，然後再次上漲的型態

事後再回頭看整體走勢圖，當然能看出買賣的時機；但如果只看短期的股價波動，當下的漲跌機率各為 50%，根本無從預測。相當於「既可能上漲，也可能下跌」的賭大小。

判斷適當的時機賣出，如此一再重複。

　　如果問我有沒有這個功力，我的回答是「沒有」。像我這種利用上班之餘兼差投資的二流投資人，愈是想爭分奪秒地買賣，賺錢的機率愈趨近於 50%。

　　簡而言之，很容易輸給「上漲或下跌」這種偶然的機率，以硬幣為例，就是所謂的「正面或反面」；**即使機率為 50%，實際買賣時因為判斷錯誤而賠錢的機率可能高於 50%。**

　　另一方面，使用望遠鏡來看的長期投資又是如何？

　　只要別選錯個股，應該有很高的機率能獲利，而「股價」說

穿了，就是該公司的利潤。

換言之，以先前提到的拉麵店為例，只要遵循「利潤（業績）成長，股價也跟著成長」這套股價形成的原理原則，企業的價值會隨企業的成長（業績增加）而上升，因此股價應該也會上漲。

如果太頻繁地買賣，總獲利就無法如預期增加。即使一次交易賺到很多錢，隨著交易次數增加，也會進行停損的交易，所以停損的成本也要加到「成本」裡，從總獲利裡扣掉。

也就是說，以十年的長度來看，買進成長企業的股票、就這麼抱著不放手的人，賺到最多錢的可能性最高。

這麼一來，不僅不需要學會用放大鏡分析走勢圖的高深技巧，甚至連走勢圖都可以不用看了。

選擇用「望遠鏡」進行的長期投資，只要一開始不要選錯股就沒問題，是最適合用於投資時間比較有限的上班族投資人。

長期投資：
才能吃到「最肥美」的部位

以望遠鏡原理進行的長期投資，如果用上放大鏡細看短期股價的波動反而不妙，我以「野村微科學（6254）」的走勢圖為例說明。

2017 ～ 19 年處於緩步下跌的狀態，股價沒什麼波動。尤其

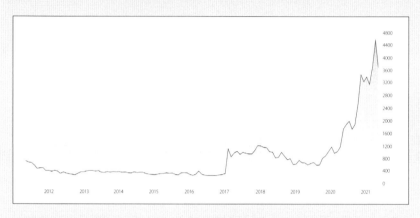

短期波動劇烈、長期一飛沖天的「野村微科學」

拉長到 10 年走勢圖來看，2018 年底到 2019 年中幾乎都處於橫向盤整的狀態，看起來完全沒動靜，但股價在這段期間其實還是上下波動。2019 年下半年開始一路飆漲，經歷了疫情的暴跌，在 2020 年 12 月創下超過 4000 圓的新高，之後也不斷創新高。作者在股價開始上漲前的 2019 年以 600 圓開始買進。

是 18 年底到 19 年中，幾乎都處於橫向盤整的狀態，看起來完全沒動靜。

　　然而，這只是因為把走勢圖拉到長期來看才會有這種感覺，股價在這段期間其實還是有相當大的上下波動。可以看出股價在上至 1500 圓左右、下至 500 圓左右的區間內來回震盪。

　　如果是具備分析走勢圖的能力，可以在精準的時間點買賣的投資人，或許能解讀當時的盤整趨勢，在盤整區的上方賣出，當

股價回落至下方再買回來，再賣出……重複以上的操作手法，從中獲利。

　　又或者是當初原本是以長期投資的心態買進的人，或許也會受不了一直盤整，選擇賣出。買進股票的投資人固然是從企業的未來性、業績的展望認為這支股票是有機會獲利的成長股才會買進，但是因為買進之後，股價整整兩年幾乎在原地踏步，沒有毅力的人大概就會失去耐性，想趕快賣掉。

　　如果只考慮資金週轉率，買掉這支股票、買進更有動能的股票也是一種投資策略，進行短期交易的投資人應該都是這種風格。

　　然而，從走勢圖也可以看出，該個股從 2019 年下半年開始一飛沖天。

　　主要因素有「經營總算上軌道」、「業績急速成長」、「成為備受關注的話題股」、「出現利多消息，一口氣變成熱門股」……等等。總之這支股票終於突破原本的盤整區，開始呈 90 度直角上漲。

　　這麼一來，不小心在盤整區上方的價位賣掉的人也不敢再出手，心想「還會再跌回來吧」而選擇靜觀其變。但股價一去不回頭，於是更不敢出手，結果直到最後都沒有買回來，錯失了原本可以大賺一筆的「最肥美的部分」；許多成長股往往都是這種走向。

　　最後，野村微科學的股價從 2019 年下半年一路飆漲，即使

受到疫情風暴造成股市重挫的影響，曾經一度回跌到 800 圓左右，但之後又勢如破竹地上漲，在 2020 年 12 月創下超過 4000 圓的新高。因為股價一直在盤整區內上下波動而賣出股票，後來又不敢買回來的短期交易投資人想必非常後悔。

以我自己實際的操作為例，我在股價起漲前的 2019 年從 600 多圓開始買進，慢慢地增加持股，即使在疫情的下跌趨勢也繼續加碼，後來才能順利地坐上股價上漲的順風車。最後在創新高的價位前後「3480 圓」附近分批賣出，獲得巨大的利益。看準股價將來還會上漲，所以現在也還持有一部分股票（500 股）。

這只是一個成功的案例，如果我也用放大鏡來檢視股價，應該沒辦法賺這麼多錢。

股價就跟鐘擺一樣，會經常在某個價格區間來回擺盪。如果用放大鏡來看，會很在意鐘擺的動作，所以無論如何都會產生想買賣的衝動。以短期交易一再地買賣，賺取些微的價差當然也沒錯，但有時就會因此錯過有機會賺大錢的股票。

與其如此，還不如長期持有，要賺就賺多一點！身為兼職投資者的上班族，挑選了成長股之後，請用望遠鏡而非放大鏡來冷靜地觀察市場趨勢，這種方法也最適合平時還有正職的散戶、小資投資人了。

COLUMN

把行情拉長時間看，獲利的勝率超過 50%！

◆ 短期投資

用放大鏡看行情 → 無法預測股價的漲跌

機率各半（賭大小）

◆ 長期投資

用望遠鏡看行情 → 不受短期的股價波動影響

勝率高達 50% 以上（不是賭博）

 結論

長期投資要耐心等待，才能在股價一飛沖天時
抓住獲利的機會。

投資股票的獲利，
是「忍耐」的報酬

　　剛開始投資股票的新手，很容易犯的一個錯誤是在持股不漲時忍不住輕舉妄動（賣掉持股）。

　　購買股票很容易陷入「買了之後，股價立刻就會上漲」的迷思，但股票的漲跌很難盡如人意。實際上，投資股票時，一買就進入箱型整理或下跌的情況多不勝數。

　　並不是因為你買的時間、挑的個股不對，而是投資股票本來就是這麼回事。

　　股價這種東西，大概有七～八成的期間都在一定的價格區間波動。還以為好不容易從 1000 圓漲到 1500 圓，一下子又跌回 1000 圓，然後再漲到 1500 圓……諸如此類，其實只有最後兩成左右的期間才會擺脫盤整區。而擺脫盤整區、股價一飛沖天的瞬間，基本上只占了整段投資期間的一成左右。

換句話說，投資股票時，股價在盤整區內箱形盤整的期間是壓倒性的漫長，想必有很多人都撐不過這段期間，忍不住賣出好不容易找到的成長性個股吧！

接受股價常常在
不動如山的「靜止狀態」

「話雖如此，但動也不動的股票再抱下去也沒有意義。」

「想更有效率地投資。」

會這麼想的人，大概是想採取當股價一飛沖天時、也就是算準那「一成」來臨的瞬間換股操作的投資法。

然而，對於包括我在內，由上班族兼任的二流投資人而言，要陸續更換股價會立刻上漲的個股來操作絕非易事，因為一般的投資人無法預測「何時是上漲的時機」。

股價上漲需要契機，通常是出現業績向上修正、研發出新產品、股票分割、增加配股配息……等某種利多消息，股價才開始上漲。

要是能事先掌握開始上漲的時機，確實很容易換成股價會立刻上漲的個股來操作，但遺憾的是，一般散戶投資人不可能事先知道那些利多消息。通常都要等到公司公布 IR 情報才會知道，這時消息靈通的機構投資人等「專業人士」早就買進了，

一般散戶投資人只能買在股價已經漲一波的時間點。

　　也就是說，這時候的股價已經反應利多消息，在這個時機買進股票，別說上漲了，股價反而下跌的悲劇不勝枚舉。股票市場流傳著一句話，「人多的地方不要去」，如果想短期獲利，無論如何都必須背負相當大的風險。

　　由此可知，沒有特殊消息來源的一般投資人可以做的就只有抱著股票，靜待上漲的時機來臨。

　　GMO Payment Gateway（3769）是我持股中上漲最多的個股之一，我剛開始買進這支個股是 2014 年，當時的股價為 1000 圓上下。在我持有這支股票的過程中，股價有一年以上的時間動也不動。儘管如此，我仍相信公司的業績會成長，抱著沒賣掉的結果，終於守得雲開見月明，透過股價的上漲獲取巨大的利益。這也是耐著性子撐過八成股價不動的期間，捕捉到股價一飛沖天那一成瞬間的成功案例。

　　投資股票很重要的一點，是要了解股價沒什麼事基本上不太會動，也就是處於所謂的「靜止狀態」，同時接受這個事實。

　　股價不動的時候絕不能沉不住氣，自亂陣腳。只要是業績可望成長的成長股，總有一天會迎來股價不鳴則已、一鳴驚人的瞬間，二流投資人能做的就只有耐心等待持股飆漲的時刻。

　　兼職投資人不靠股票吃飯，因此可以從容不迫地面對靜止狀態而不為所動。因此最怕市場變成一灘死水的專業投資人會

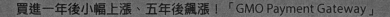

買進一年後小幅上漲、五年後飆漲！「GMO Payment Gateway」

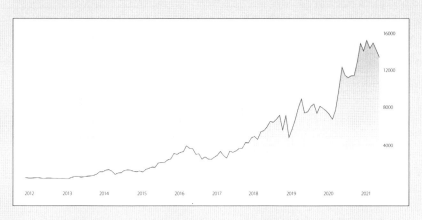

於 2014 年開始買進這支股票，當時處於「靜止狀態」，一直在 1000 圓上下徘徊。當持有了一年左右，終於從 2015 年下半年開始上漲。自 2019 年呈現銳不可擋的上升趨勢，進入 2021 年後，一口氣漲到 16000 圓。

放出各式各樣的風聲，但他們說的話聽聽就好了，不必當真，千萬不要被「雜音」所惑。

「持股上漲也好，盤整甚至下跌也沒關係。」只要能堅定地保持這種平常心，就沒什麼好慌張的。

「投資股票的獲利，是忍耐的報酬」，請再一次仔細地思考這句話的意思。

唯有接受絕大部分的時間，行情都不會照自己的劇本走，才能以泰然自若的心情投資股票。

長期投資，最重要的心態是「忍耐」！

◆ 股價有 8 成以上的時間都不會動

撐過「靜止狀態」，放長線釣大魚

「投資股票的獲利，是忍耐的報酬」

 結論

接受買了股票後，股價不會馬上就漲的事實。

發生「商譽」的利空消息，要馬上停損！

　　我建議的「中長期投資」，是以財務報表等公開資訊，找出今後也能繼續成長的個股。

　　所謂投資，是把資金投入不確定的將來，因此可能成功，當然也可能失敗，雖然只想投資會成長的個股，但世事不可能盡如人意。直到今時今日，我也還是會失敗，不過在剛開始投資的時候，則以「不曉得該投資什麼股票才好」的失敗占多數。

　　不過，**投資成長股愈早體驗失敗愈好**；資產增加後再歷經失敗的話，因為投資金額變大了，可能一跌倒就爬不起來。在那之前，也就是資金還不多的階段先經歷某種程度的失敗，之後才不會受重傷；這麼一想的話，應該能稍微減輕對投資股票的恐懼吧！

　　投資相中的股票時，如果因為太害怕而猶豫著不敢買，可

能會眼睜睜地看著機會從手中溜走。另一方面，買進後如果股價下跌，可能也會因為害怕而抱不住，選擇賣出。

與其這樣，還不如一開始就做好「投資有賺有賠，賠錢乃兵家常事，正因為失敗過，才能參透獲利的投資手法」的心理準備，別讓投資心態太保守。

我自己也是經歷過無數次的失敗、虧損，才找到現在的手法。

不再受到信任的公司，
不會再獲利！

一定會有讀者想問，「可以分享具體的失敗案例嗎？」

停利之後、馬不停蹄地立刻換股操作，結果把好不容易賺到的利益又吐回去，就是司空見慣的失敗案例。

某支個股獲利了結後，心情好得不得了，一心只想著「好，再來一把！」沒怎麼認真選股，就在勢頭上買進下一支股票的話，通常都會陷入苦戰。古有明訓：「勝利後要更加警惕」，但是正在獲利的時候，很難以更加警惕的心情迎接下一場戰役（下一支個股）。這時候請務必讓腦袋冷靜下來，先放下戰勝（獲利）的興奮，再開始準備面對下一場戰役。

其他的失敗還有像是看好將來的成長性而買進的個股，明明已經失去成長動能，卻還抱著股票不放，因此蒙受損失。

在成長不如當初預期的那個時間點，那支股票就已經不再是「成長股」了，這時應該馬上乾脆地撤退卻又不撤退，所以操作失敗。

以下就是我過往的經驗中，投資成長股失利的實際例子：不動產投資公司「TATERU（現為 Robot Home）」（1435）。這家公司鬧出的醜聞，被轟動地報導出來，想必很多人都聽說過。

我看上 TATERU 時，該公司正打著「用 IOT 改變不動產投資」的口號，販賣設計型投資用不動產給上班族。當時在電視上拚命打廣告，給人最新商業模式的印象。

當時我對投資不動產也有興趣，因此索取了資料，想知道該公司實際上到底有哪些優勢。結果業務負責人馬上打電話給我，於是我們約好見面詳談。

過程的細節就略過不表，直接見面，聽對方說明該公司的商業模式後，發現賣方非常有自信，感覺「既然如此，肯定會有一定數量的顧客願意購買」。我自己沒有買房子，但是對 TATERU 這家公司本身很有興趣，確認過每年業績都有成長的數據後，認為是一支成長股，買進該公司的股票。

然而，當我買進 TATERU 的股票又過了一陣子，發生了從根本上衝擊該公司商業模式的意外。

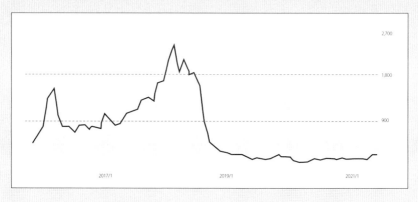

發生「竄改客戶資料」事件的「TATERU（現為 Robot Home）」

2018 年 12 月，不動產投資公司 TATERU（現為 Robot Home）發生了重大負面營運事件：竄改想借建設資金的（顧客）存款餘額數據等融資資料。股價從 2500 圓的高點一路暴跌到 500 圓以下，過程中雖稍有反彈，但醜聞已經動搖其身為成長股的商業模式，所以股價始終在低檔徘徊，現在也還在 200 多圓的地方盤整。

道德有瑕疵的企業股票，沒人想持有！

　　該公司的業務負責人，偽造了預定購買投資物件的顧客收入及銀行帳戶的資料，當時新聞鬧得很大，大家都擔心「該不會整家公司都在從事違法交易吧」，股價跌停好幾天，原本在 2000 圓附近波動的股價，轉眼間就跌破 800 圓。

　　再也沒有比想賣也賣不掉、只能無可奈何地看著股價下跌的投資人更悲慘的心理狀態了。無論心理素質再強大，也無法承受這種煎熬，只能茫然地自怨自艾。

這時，我又犯下第二個錯誤。明明應該在跌停的階段（800圓的地方）賣掉，卻還期待股價漲回來，「總有一天會漲回來吧？畢竟鬧出這麼大的新聞還是反彈了」。

只可惜，我想得太天真了，因為根本沒有人想留著職業道德有瑕疵的企業股票。投資組合裡有 TATERU 的法人鋪天蓋地地倒貨，股價一瀉千里地繼續往下探底。

後來 TATERU 出事後的財務報表出現鉅額的虧損，雖然不至於下市，但股價跌到 100 圓至 200 圓間，與過去的 2000圓比起來，只剩下不到 10 分之 1，現在也還在 200 圓上下（至2021 年 6 月）盤整。（註：在 2021 年曾漲到 290 圓，但至 2022 年 8 月，已經跌破 200 圓）結果我被迫在 200 圓的價位停損，賠了 50 萬圓，對 TATERU 的投資以失敗告終。

失敗、看走眼的教訓，是「獲利」經驗值的累積

現在回想起來，TATERU 的利空消息並非一時的，**社會對於與職業操守有關的問題非常嚴苛，可能會影響到企業本身的生死存亡。**失去社會的信賴，商業模式已經完全受到破壞。這時早就不再是「成長股」了，應該用最快的速度停損才對。

由此可見，既然要投資成長股，就難免有一定的機率抽到

鬼牌。起初以為是王牌，買進後才不小心變成鬼牌，也就是所謂的看走眼、失去成長性。這時千萬不要猶豫，應該立刻踢出投資組合（賣掉）。重點在於就算有損失也能順利停損，這次的教訓將會成為下次投資的動力。

沒有人不經過失敗就能變成投資達人，橫豎都要失敗，不如早點失敗。當然也沒有人一開始就想著會失敗還投資，可以的話最好還是不要失敗，但投資是個經驗重於一切的世界。既然如此，失敗也是很重要的經驗。**只要能適當地面對、處理失敗，就能確實地將失敗的經驗運用在下一次投資。**

RIZAP 集團（2928）也曾經讓我踢到鐵板。在該公司拚命打廣告，提高知名度的時候開始投資，後來如我所料，市場對該公司積極的併購戰略給予好評，股價開始急速上漲。

一度漲到比我買進的價格高出 10 倍，變成一支「10 倍雪球股」，但就如同各位所知道的，後來經營狀況惡化、業績急遽下滑。股價當然也隨著急轉直下，就像坐雲霄飛車似地直線降落。幸好賣在高於成本的價位，還是有賺到一點錢，但與曾經漲到 10 倍時簡直是天差地別。

「唉，早知道當初就先賣掉一半……」，不過再後悔也無濟於事。我還記得因為賺得太少了，感覺就像賠錢一樣，不甘心地掉了幾滴眼淚。

投資成長股的關鍵在於，一旦失去將來的成長性，就要果

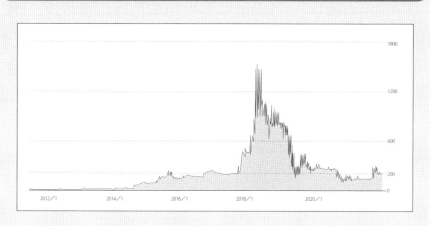

一度飆漲的雪球股，但經營不善股價暴跌「RIZAP 集團」

RIZAP 集團因為請名人拍攝令人印象深刻的電視廣告效果及積極的併購策略等等，股價曾一度飆漲，但隨著經營惡化，股價暴跌。我在股價上漲前的 100 圓左右買進，抱到變成 10 倍雪球股，但後來以自由落體的方式暴跌，勉強賣在成本價上。是體驗到投資成長股「恐怖之處」的典型範例。

斷賣出；**倘若與自己的預測不同，就要毫不遲疑地停損；與其死抱著帳面虧損不放，不如直接承認自己看走眼、投資失敗，**當機立斷地處理還比較痛快。

　　投資股票的過程中，不是所有的交易都能成功。當投資經驗變多，漸漸地會發現「投資股票的重點，在於盡量減少失敗」。

　　失敗也無妨，透過失敗的經驗學到東西，投資人才會成長，像這樣把所有的經歷內化成自己的投資手法，總有一天能派上用場。失敗的經驗，也能幫助你切換成「獲利腦」。

能獲利的投資人，
不會整天盯盤

開始投資股票後，會忍不住很在意股價，有人會在交易時間內盡可能抽時間盯著走勢看。

在意持股的股價乃人之常情，尤其是投資經驗愈淺的新手，大概會愈在意持股的股價波動。隨著 Covid-19 肺炎疫情蔓延，一般公司行號也開始實施遠距工作，可以在家工作後，就連上班時間也忍不住盯盤的人或許增加了不少。

問題是，就算交易時間一直盯著股價走勢，股價也不會上漲。對於我們這種除了投資股票以外還有別的工作要做的上班族兼投資人來說，簡直是有百害而無一利。

靠包括當沖在內的短期交易獲利的投資人另當別論，但如果採用這本書推薦的投資成長股、中長期交易風格，每天的股價波動對投資行為根本沒什麼影響。**中長期的股價取決於公司**

的收益，從而推升股價上漲，隨時檢查股價的波動毫無意義。

看到短時間的股價波動，
很容易隨便買賣！

盯盤的時間愈長，愈無法保持冷靜的心態。容易被短期的價格波動搞得眼花撩亂，不是貿然獲利了結，就是被股價下跌嚇得停損。即使是中長期一定能賺錢的個股，也會因為心生動搖而無法獲利。

短期交易一次操作可以得到的利益實在有限，如果有幸剛好買到飆股，短期就能獲得巨大的利益，但多半都是在股價的漲跌幅範圍內變動以賺取價差的波段操作。投資人會一面獲利了結，減少損失，藉由上述的作業一點一滴地累積獲利，是包括波段交易在內的短期操作的特徵。

要利用短期交易持續獲利，必須非常認真地盯盤才行，在短期交易的戰場上，與你戰鬥的對手多半是以股票為專業的專家或半專家等身經百戰的高級投資人。如果戰鬥時沒有足夠的覺悟與技術，肯定會一敗塗地。從股票市場撤退的投資人，以這種交易型態的占了壓倒性的大多數。

實際上，我剛開始投資股票的前幾年（2005 年）也曾經一頭栽進短期交易。深受被主力炒得高高的股價吸引，感覺像

據傳有被主力炒作價格的「NICHIMO」

2005 年當時，NICHIMO 因為有主力介入（謠傳）導致股價飆漲，原本只有 2000 圓的股價三級跳，一口氣漲到 6000 圓。主力炒作的股票具有雲霄飛車的吸引力，但上漲得快、下跌得也快，所以必須要有靈敏的反應與買賣技巧。除非鎮日盯盤，做好與「專家」交手的心理準備，否則很容易賠錢，所以不適合要上班的投資人。

是坐雲霄飛車似地飛蛾撲火買下，想也知道賠了一屁股。

NICHIMO（8091）就是典型被炒作的股票，在市場上掀起話題，大家都在討論的時候，我也透過信用交易搭上順風車「好！我也要買！」結果一買進就開始暴跌，轉眼間虧了 100 萬圓。

當時我心裡只有 NICHIMO 的股價動向，連公司的正事都沒心思處理，整個交易時間都坐立難安。事過境遷後，雖然已

經成為我個人的投資經驗，但賠掉 100 萬圓那時候，我大概沮喪了一個月，心情一直落落寡歡。

因為有過 NICHIMO 的失敗教訓，領悟到「短期交易實在不適合我」，轉換成現在的中長期交易風格，並且再也不碰信用交易了。

花時間盯盤，一不小心就會感情用事

盯盤的時間愈長，從某個角度來說，開設交易帳戶的證券公司將會成為你的「敵人」。每天頻繁交易的投資人是證券公司眼中的肥羊，因為買賣手續費才是證券公司的獲利來源，很難從我這種目光擺在長期、久久才交易一次的投資人身上賺到錢，所以證券公司不歡迎這種客人。

反過來說，證券公司會想盡辦法讓顧客交易；愈常登入證券公司的官方網站（證券帳戶、看盤軟體等等），愈容易變成證券公司眼中的肥羊。明明打算中長期投資，終究抵擋不了股價波動的誘惑，動不動就頻繁買賣，或是換股操作，結果做的都是短期交易，跟當初自己預期的不一樣。

我並不是說在交易時間都不要看盤，當然可以定期地確認股價，不過，對於中長期投資成長股的人來說，要養成看歸看、

但是不輕易交易的習慣。**登入證券帳戶，確認股價，結果忍不住交易的話，很容易變成感情用事的交易，流於感情用事的交易很容易賠錢。**

如果是沒有事先做好規劃的交易，心情很容易隨著股價上上下下，以這種心態投資絕對賺不到錢。即使運氣好，有一支個股獲利，但如果因此食髓知味，不斷進行交易的話，最後一定會賠錢。

我會在交易時間檢查證券帳戶，也會看盤，但那只是為了確認股價，而不是為了交易。

再說了，盤中是專家頻繁交易的時段，擅自踏入成千上萬的強敵火熱交鋒的戰場，等於主動伸出頭去讓人家砍。比起在強敵四伏，殺得火花四濺的時段交易，只要能戰勝比自己弱小的對手就好了。如同考慮建立新事業的創業者會事先調查想進軍的市場有沒有強大的對手，投資股票也是相同的道理。必須具備雖然有很多對手、但只要戰勝比自己弱的對手即可的心態，這才是中長期投資的風格。

當然，如果有信心打倒比自己強的對手，我也不會阻止這種投資人。百人中大概有 5 人是具有短期交易天分的投資人（這種才能與學歷、智力測驗的結果完全無關），如果是這種有自信的人，大可隨心所欲地交易。但是包括我在內，各位上班族二流投資人都沒有足以戰勝專家或半專家的實力。既然如

此，就不要與強敵交手。

　　只要專心從事中長期投資，就不用每天頻繁看盤。縱然即時得到第一手消息，也不是每次都會買賣，所以基本上沒什麼意義。

　　如果決定採取中長期投資成長股的規劃，千萬別忘了「不要成天盯盤」的大原則。

懂得判斷哪些是
「不需要」的資訊

　　世界上充滿了各式各樣的資訊，打開電視，新聞及情報節目絡繹不絕地提供各種資料，週刊及月刊等雜誌也氾濫著各式各樣的消息；除此之外，包括 Yahoo 等網路訊息在內，YouTube 及 Twitter 等社群網站，也隨時任由各種消息滿天飛，其中當然也含有大量與股票有關的訊息。

　　投資股票的時候，想盡可能多知道一些這方面的資訊，也是投資人理所當然的心理。瀏覽日經新聞等報紙、收看股票投資節目等財經新聞，參考分析師的評估，利用股票雜誌蒐集資料，上網搜尋個股資訊、牢牢地記住知名財經網紅推薦的個股……光是想像就覺得哪來那麼多的時間啊？

　　不僅如此，也因為資訊太多，根本不曉得該相信什麼、買進哪些股票才好，尤其是尚未確立一套屬於自己投資心法的新

手，更是在訊息海中無所適從。

　　話雖如此，但也並非是不需要參考任何資訊的意思。既然要投資股票，資訊必不可少，若在不了解一家公司的情況下買賣股票，說是有勇無謀也不為過。

　　但是如果問我上述的資訊需要全部知道嗎？倒也未必。

　　不僅如此，知道太多訊息反而有害，市面上與股票有關的大部分資訊，只會干擾想獲利的投資腦。

　　那麼我們需要哪些股票的相關消息呢？該從哪裡得到那些資訊呢？

先看新聞標題，
篩選掉「無關」的資料

　　先說結論，投資股票有一點很重要，那就是要盡可能篩選掉與自己的生活無關的資訊。

　　例如從去年開始在主流媒體氾濫的「疫情相關資訊」，即為其中之一；電視及雜誌等媒體彷彿怕人不知道似地爭相報導容易吸引主流（大眾）的話題。該說是誇大其詞嗎？為了抓住大眾既害怕又想看的心理，一而再、再而三地播放足以挑起觀眾（讀者）好奇心的資訊。電視台想得到收視率、雜誌想得到銷售量，所以這也在情理之中。

如果聽信這種為了爭取收視率或銷售量而刻意搧風點火的資訊，對肺炎疫情產生不必要的恐懼也於事無補。當然，即使要得到日常生活所需的，但只要站在客觀的角度認為「自己不需要」，就應該主動拒絕這方面的訊息。

從投資股票的觀點來看，只是為了爭取收視率的節目提供的內容，有百害而無一利，只會干擾投資腦做出判斷。

最理想的情況是先看這項新聞（資訊）的標題，如果認為是不必要的，就不應該再看下去了。

那麼要怎麼收看與投資股票有關的節目或報導呢？

這也有好有壞，因為過於相信報導的內容（資訊）很危險，人稱「分析師」的專家或評論家分析的意見經常自打嘴巴，所以信不得，說得直接一點，看了只是浪費時間。

這些財經（股票）分析師一臉煞有其事地預測「今後的股票行情會怎麼走」、「日經平均指數會怎麼波動」、「匯率會來到多少」……等等，最好直接將這些預測視為不準；沒有人能正確地預測行情，分析師的意見聽聽就好。

事實上，有幾個分析師事先正確地預測出 2020 年 3 月會爆發 Covid-19 疫情，導致股市暴跌呢？在面對疫情後的上漲趨勢時，絕大多數的分析師都主張「股價只是暫時反彈，還會往下探底，所以股價還會再跌」，至少幾乎沒有分析師預測「未來的日經平均指數會漲到 3 萬」。要是相信這些分析師說的鬼

話，大概死都不敢買股票，只能眼睜睜地錯過疫情後的多頭行情，悔不當初。

為了培養出能獲利的投資腦、會賺錢的心理素質，請先隔絕分析師及評論家等所謂「專家」的聲音，他們的意見對於你要投資股票一點幫助也沒有，盡量讓自己處於不會被這些人影響的環境。

聽信財經評論家、股市分析師的鬼話相當於「飲鴆止渴」，萬一不小心喝到毒藥，請馬上吐出來。除非自己內心已經有解毒能力，否則請不要聽這些評論家說的話；為了培養出能獲利的投資腦，這點也很重要。

請容我再說一遍，聽信他們的意見只有百害而無一利，可以的話請盡量避開評論家、分析師的建議，並貫徹這樣的態度，養成不被資訊所惑的投資人心態。

能獲利的投資腦，
只需要知道「官方第一手消息」

如今是個網路社會，包括社群網站在內，從網路上獲得股票訊息的投資人不在少數，還有許多投資股市的知名YouTuber，應該也有很多人是從這類影片取得資訊。這些人個個能言善道、節奏明快，聽起來很舒服，擅長販賣資訊，很容

易聽著聽著就信以為真。

　　然而說到內容，到底哪些可以參考，實在令我存疑。之所以這麼說，是因為他們說的內容有的都是經過加工，挑選對自己有利的部分，跳過不利於自己的訊息，只講聽起來很迷人的部分，說的好像他們介紹的股票都是可望成長的潛力股。

　　他們自己也是買賣股票的投資人，既然如此，當然不會說對自己不利的內容。講得言之鑿鑿，但介紹其實的都是自己已經有的持股，都是為了幫自己獲利，即使不是有意為之，也八九不離十。

　　如果是他們也持有的股票，提到的時候大概會夾帶「希望漲多一點」的私心，如果沒有那支股票（或是持有賣空的部位），提到的時候則會帶著「再跌一點」的私心。

　　該怎麼排除這些「有害的資訊」？反過來說，到底該看些什麼才好呢？什麼樣的資訊才是可以信賴的呢？

　　答案是企業公開發表的官方資訊。

　　透過官方資訊，可以得到企業公布的「第一手消息」，而不是由某個人提出的意見或分析等「第二手消息」。企業本身最能掌握其所要公布的資訊，而且絕無虛假，萬一給出不實的訊息，會有職業操守的問題，將會對企業造成致命的打擊。

　　第一手資訊具有壓倒性的正確性，既未經他人之手，也沒有進行任何加工。無論再怎麼優秀的分析師、以淺顯易懂的方

式提供個股資訊的 YouTuber，他們的資訊來源，說穿了都是來自企業的第一手消息，僅此而已。

因為是企業透過自家官網發表的正式消息，不太可能像分析師或 YouTuber 那樣加上娛樂效果，並且整理成簡單扼要的資訊，反而是一板一眼地沒有任何趣味性，所以實際會去看的人應該不多；即使上傳董事長的影片，大概也沒有人要看。

正因為如此，能不能成為可以賺到錢的投資人，差別就差在這裡。

請從企業正式發表的事業說明等資料掌握那家公司的大致情況，並用自己的雙眼確認「可以出錢投資這家公司嗎？」

投資人一定要懂得審視第一手資訊、做出自己的判斷。藉由養成這樣的習慣，轉換成能獲利的投資腦、強化身為投資人的心理素質。

發現隱藏在生活中的利多訊息

不只企業提供的官方資訊可以得到第一手消息，在我們生活周遭的現象也都是第一手消息。掌握實際發生在自己生活周遭的改變，也是投資人很重要的素質，許多投資機會都藏在自己實際感受到的「變化」裡。

各位知道「Sansan（4443）」這家公司嗎？想必都在電視

廣告上聽過名字吧？

這家公司邀請到有〈孤獨的美食家〉等代表作的知名演員松重豐先生為主角拍攝廣告，以「早點說嘛⋯⋯」的台詞，一口氣打開企業的知名度。「Sansan」的公司內容，是以「針對法人的雲端名片管理服務（網路上的名片管理系統）」為主軸，業績顯著成長，是一家成長型企業。

我發現自家的公司引進了這套服務，實際上使用過後，發現非常方便，而且一旦開始使用後，基於名片管理的性質，就很難換成別家公司的系統，或是不再利用系統。「名片」充滿了對企業很重要的商業資料，可以線上管理的話，就能在那個資料庫的基礎上產生其他商機也說不定。

最重要的是，我很欣賞該公司以鋪天蓋地的方式打廣告，藉此提升知名度的「進攻態度」，也在自己主持的講座提到這支股票。當時的股價不太動，也曾經因為 2020 年 3 月的疫情影響一度跌落到 3000 圓出頭，後來又順利地開始反彈，進入 2021 年後急遽上漲，於 3 月創下 1 萬圓的新高，這是我實際經歷過注意到「生活周遭的第一手消息」而獲利的例子。

投資的時候捕捉這種潛藏在日常生活中的提示、發生在生活周遭的變化也很重要。像是即使發生疫情也不容易群聚的高爾夫球場、用排氣管加強換氣的燒肉店大行其道等等，敏感地察覺到社會上的變化，也能發現投資的機會。

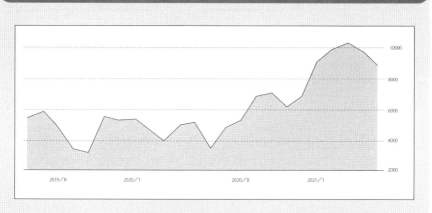

從生活周遭中發現的優質成長股「Sansan」

小型成長股 Sansan 靠電視廣告提升知名度的同時，業績也穩定成長。即使因為疫情曾一度跌落到 3000 圓左右，之後又強力上漲。2021 年 4 月創下 1 萬圓的新高。是股價也跟企業成長一起上揚的投資成長股典型範例。（註：Sansan 於 2021/1 轉至東證一部）

　　觀察企業提供的第一手消息，對生活周遭發生的狀況隨時保持興趣，篩選不必要的資訊，這種態度能有效地鍛鍊投資腦，養成能獲利的心理素質。

如果猶豫，
先買進 100 股再說

下單股票時，你會在什麼時機買進呢？

有人是抱持「心動不如馬上行動」，想買的時候就會立刻下單買進。

當然也有人澈底調查自己相中的股票，即使確信「這支可以買」，也會慎重再慎重地衡量買進的時機。

不能說哪邊才是正確答案，一百個投資人就有一百種購買風格，這也是理所當然。

話雖如此，除非是做決定非常爽快的人，否則通常或多或少都會迷惘「該不該買」，尤其是新手（初學者）的判斷標準還沒有定下來，還不清楚買進時機，所以遲遲無法做出買進的決定。

即使調查過企業內容，已經確認是很吸引人的公司，也知

道股價隨業績提升的可能性很大，一旦真正要買進的時候，還是會猶豫不決，「萬一看錯，股價可能會滑落……」，內心在強勢與軟弱間擺盪的時候，會逐漸搞不清楚「到底要不要買」。

投資股票經驗尚淺的人愈容易感受到這種糾結，然而在煩惱著要不要買的過程中，眼看股價不斷漲上去，結果對不敢出手的自己感到悔不當初的經驗，相信任何人都有過。

該怎麼做才能避免這種悔不當初呢？換句話說就是，該在什麼樣的時間點買進呢？

減輕「沒買到」的後悔心情

想買進心儀企業的股票，卻不知道該什麼時候買的話，我會分批慢慢買。

假設有餘力買進 1000 股（1 張），我也會先買 100 股或 200 股試水溫。這麼一來，就算股價突然開始上漲，也能減少「沒買到」的悔恨心理。

想當然耳，可能還是會殘留「早知道就 1000 股全買了」這種沒能全部買進的後悔，但是總好過連 1 股都沒買進，也能說服自己「雖然沒能買滿預定要買的數量，但是有買到就好了」。

不必為了只買到 100 股（200 股）而大失所望，股票又不

是只能買一次。

買進後，若企業結算發現「業績成長」，公布相關的 IR 情報時，可以靠自己已經買進持股的未實現獲利再買進新股，逐漸增加部位。只要業績持續成長，就能避免股價跌回自己買進的價位，除了疫情這種意料之外的暴跌之外，股價水準基本都會隨業績成長。

像這樣以加碼的方式增加部位（加買股數），是很有效的投資手法，**起初只買一點點的股票相當於所謂的「頭期款」，之後增加部位時，當初「試水溫」買的股票可以有效地「拉低平均成本」。**

實際上，我也會利用這種「在已經有未實現獲利的股票繼續上漲時加碼」的手法提升獲利。

以我買進「Hamee（3134）」的交易紀錄為例，已經有未實現獲利的股票將成為定心丸，有助於定期地建立部位（加碼）。當初先買進 100 股，然後再慢慢加碼，現在已經有 3300 股（其中 500 股為 NISA），平均成本為 1028 圓。慢慢地建立部位，獲利已經來到 215 萬圓（2021 年 6 月中旬）。

如今再回頭來看，最早買進的 100 股是一切的開始。即使當初要購買的時候已經調查過 Hamee 這家公司，認為非常吸引人，但是真正要買進的時候還是會擔心「萬一股價下跌，賠錢的話怎麼辦」，陷入先前提到「要買還是不買」的哈姆雷特

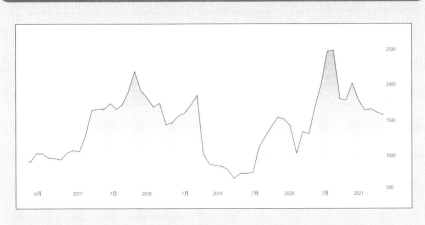

長期來看雖然一路呈現上升趨勢，但還是可以看出成長股的特徵，過程中的上下波動十分劇烈。一開始就買足全部的數量，心理上卻熬不過上下波動、抱不住的情況也屢見不鮮，反而是分段慢慢加碼，才能長期持有。

式迷思……不對，是即使迷惘，仍先閉上眼睛買了再說，因此帶來了好結果。

　　任何事都是坐而言不如起而行，投資股票也不例外。**對企業分析得再透澈，如果不實際買進那家公司的股票，還是一毛錢都賺不到**。不買的話確實絕對沒有任何金額上的損失，但這麼一來根本沒踏進戰場過，拖到地老天荒也賺不到錢。

　　投資股票總要先實際買進股票，站上起跑線，才有機會成為獲利的投資人。

分批買進，預留加碼的空間

話雖如此，還是有人感到害怕吧！腦海中會情不自禁地閃過「萬一賠錢怎麼辦……」的念頭，不敢展開行動。

「再等一下，是不是就能買到更便宜的價位？」

這種想法是人之常情，但要靠股票獲利的話，如果沒有不入虎穴、焉得虎子的決心就無法賺到錢。再說了，投資股票基本上不可能完全買在最低點。

如同股票有一句格言，「魚頭和魚尾留給別人吃」，一般人很難買在股票的最低點、賣在股價的最高點。

選定想買的股票，將價格設定在某個區間，先分批買進試水溫。根據到手的資料研究企業內容，倘若覺得這家公司夠吸引人，就要鼓起勇氣，閉上眼睛買進。當然不是一口氣把錢全部砸進去，千萬別忘了保留安全水位的現金（購買力）。

假如股價一如所願地上漲，可以像前面提到的 Hamee 那樣，在上漲的過程中加碼，累積部位。即使股價出乎預料地下跌，如果還有餘力（現金購買力），也能加碼攤平（降低平均成本）。更重要的是，現金購買力能保持心態上的優勢，不至於被股價搞得六神無主。這麼一來，無論發生什麼事，都能從容應對，保持冷靜的投資腦。

大概也有人認為，「不持有部位，就能永遠保持冷靜，只

從 2016 年開始買進「Hamee」的交易紀錄（至 2020 年）

買進日		數量	參考單價
	2/12	100	268,7
	2/25	300	268,7
2016	3/17	200	261
	10/27	400	266,1
	10/27	200	266,1
	11/9	100	707
	7/5	100	1,291
	8/10	100	1,461
2018	12/14	100	1,418
	12/17	100	1,280
	12/19	100	1,158
	12/21	100	1,080
	1/10	100	930
	1/30	100	838
2019	8/2	100	696
	8/16	100	706
	12/5	100	1,284
	1/16	100	1,555
2020	2/27	100	1,528
	2/28	100	1,401
	9/15	100	2,185

買進期間為 2016 年 2 月至 2020 年 9 月之間，共 4 年 7 個月，是在心態上十分從容的情況下分批買進。買進金額落在 261 ～ 2185 圓的區間，買進成本為「1107 圓」（扣除 NISA 的部位），是主要購買期間的平均值。

要抓到便宜的價位買進就行了」。

　　有趣的是，如果只是將沒有實際購買的個股放進「觀察清單」裡，大腦並不認為這支股票「很重要」，因此不會把這支股票放在心上，**但只要買進 100 股，因為實際產生「利害關係」，便會開始關注這支股票。**觀察那支股票股價的機會也變多了，會下意識產生「想多了解與那家公司有關的訊息和資料」。

　　長期看下來，這些行為都會變成只屬於你的資料庫、經驗值，大概連股價的走勢圖都能記住。這些行動與經驗將成為定心丸，讓人放心地買進股票。**再怎麼仔細研究個股，除非真的買進，否則都不會認真地面對那支股票。**從大腦的構造來看，會主動去找實際買來投資的理由。

　　如果經過評估後鎖定了個股，但猶豫「該不該買進」，請先買 100 股試水溫，即使已經有一些投資經驗的人也不例外。就算是投資高手、就算是再有信心的個股，也很少一口氣以某支個股為主力，而是在愈買愈有自信的情況下加碼，擴大部位。

　　光是在腦海中沙盤推演，無法理解「實際買進後才會知道的感覺」。只要經過評估判斷後，確定是好股票，就應該先大膽地買進，這也是通往成功投資者的第一步。

COLUMN

不買就賺不到錢……先買 100 股看看！

◆ 不確定買進時機時，可以先閉上眼睛，只買 100
股「試水溫」

◆ 先買 100 股，再慢慢地加碼，增加部位

買到預計的購買數量

 結論

不要一口氣把錢全部砸進去，保留部分資金，
以保持心態上的優勢。

找到買進股票時的「有利局勢」

「下單買進股票」的時候，腦內會分泌快樂嗎啡，跟買進自己喜歡的東西一樣，用一句話來形容，就是處於「開心」、「好像在做夢啊」的精神狀態。

買進股票的瞬間，股價就會開始在腦中上漲，立刻構築出股價變成 2 倍、3 倍的畫面。

聽到這裡，或許會覺得「怎麼可能！買進的股票哪有那麼聽話，想漲就漲」，這是因為你現在沒有買股票，冷靜地站在第三者的角度看事情。

人類很容易輸給欲望，我也不例外。但眼前如果有賺錢的機會，理智會突然消失無蹤，放鬆戒心，本能地撲上去。明明聽別人說的時候都很冷靜，一旦扯到自己的投資，心態就會改變，無法保持冷靜。

　　話雖如此，投資股票的經驗愈多，愈能理解股價的波動不可能照自己的想法走乃天經地義之事。既然無法左右股價的動向，就只能改變自己的想法及行為，轉換成「能獲利的投資腦」。

　　想當然耳，選擇個股的時候要確定成長性，認為股價中長期會上漲才買賣，**但也必須事先想好，若股價不如自己的預期（判斷）時，該怎麼因應再買賣。**

　　不管做過再多分析、調查，買賣時做好「股價不如預期或判斷，再正常不過」的心理準備，絕對是靠投資股票獲利的不二法門。

兩大基本原則：別追高、別全壓

　　除了做好心理準備（股價可能不會如自己預期）之外，還有一個重點是「買進的時機」，不要買在「不利的價位」，以免買進時就產生大額的帳面虧損。

　　所謂「不利的價位」是指以昂貴的價格買進，也就是「買在高點」，或是一次買進太多股票，導致部位的操作不夠靈活（無法降低買進成本）。

　　萬一買在高點，股價進入暫時盤整期，或不幸被暴跌的大盤拖累時，就會產生相當多的帳面虧損，必須暫時承受股價的

下跌趨勢。

　　如果是已經轉換成能獲利的投資腦，建立起身為投資人的心態，或許就能相信個股的成長性，耐著性子繼續等待。除非買到未來性本來就很低的個股，但只要買進前選定個股時仔細地蒐集過資料，確定股價一定會上漲而買進的，應該就能耐心地等待股價上漲。

　　話雖如此，即使是再值得信賴的個股，當股票好不容易擺脫下跌趨勢，漲回自己買進的價位附近，很多人都會沉不住氣地在自己買進的價位賣掉，好讓損益兩平。這也是人之常情，但是這麼一來，原本可以賺到的錢就賺不到了。

　　即使沒有賣掉，如果一次投入所有資金，孤注一擲地大量買進，就無法在下跌趨勢時加碼，採取「降低買進成本、增加股數」的手法。想當然耳，買進的成本愈低、股數愈多，股價上漲時的獲利空間也愈大，因此股價下跌時，其實是增加股數的好機會。

　　當然也有一次買進，股價就一漲不回頭的局面，但是就如同前面所說，股價不會照自己寫的劇本波動。**為了避免眼睜睜看著獲利的機會從眼前溜走，也不要一次全部買好買滿，手邊應該隨時保留能加碼的現金。**

　　面對行情時，「想買的時候隨時都能買」的人與沒有資金可以追加、只能抱著「老天保佑，讓我解套吧」的祈求心情面

對行情的人，即使落入同一個局面，心態也截然不同。

投資股票經常會聽到「要是開始祈禱就完了」的說法，回顧股市的歷史，會發現這句話說的沒錯！股票市場的殘酷之處，就在於當祈禱的人忍不住出清股票之後，股價就會開始反轉向上起漲。

股市之神有點冷漠，投資股票時，再虔誠的祈求也沒用！

憑「感覺」買進飆股，
一定會被割韭菜！

為了避免買在「不利的部位」，具體來說應該怎麼做才好呢？

簡單來說就是，投資經驗尚淺的新手（初學者）在股價上漲時（尤其是急漲時），請務必忍住不要進場（買進）。

如果是經驗豐富的高手，當然也可以在股價急漲的時候買進，但是在飆漲時買在高點，除非具備靈活變更部位（買賣）的投資技術，否則很難賺到錢。如果沒有技術，單憑「應該還會繼續漲」的感覺就貿然出手，只會變成機構投資人或專業當沖客的韭菜。我們這種本身有主業、兼職的二流投資人，根本沒必要踏進成千上萬身經百戰的專業人士們廝殺的戰場。

所謂的「急漲趨勢」，是大部分的投資人都看上某支股

票，投入專業的資金。打個比方，就像試圖搭乘已經擠滿人的電車。也有人稱這種情況為「過熱」，天曉得過熱時會發生什麼事！**請牢牢地記住一件事：人多的地方不要去。基本上，就算硬擠進擠成沙丁魚的電車也只會被擠出來，一屁股摔在月台上。**

我們這些二流投資人，最好在股價變動比較不劇烈的盤整局面買進，或是鎖定緩步上漲的趨勢、緩步下跌的趨勢買進。飆漲的股票會成為市場的焦點，「還會繼續漲」的消息滿天飛，所以很容易產生想跳進去買的衝動，這時一定要忍耐，請等到股價的波動告一段落再買。

當然，買進時要再檢查一次當初調查的企業情報有沒有變化，可能是有什麼壞消息，才導致股價停止上漲，從箱型整理轉為下跌也說不定。請先仔細檢查有沒有這種利空的消息，再衡量買進的時機。

觀察過去的股價波動，
別在利多上漲時追高

接下來以 Enigmo（3665）這支個股的為例，向大家做說明。我也持有這支股票，這家公司底下有社群購物網站「BUYMA」，是一家新創公司。

買進的時間點是 2016 年，當時我很迷海外購物，經常訂購外國的商品，因此比較過各式各樣的購物網站，找到經營 BUYMA 的 Enigmo。我很好奇這是什麼樣的公司，查了一些資料後，發現這家公司不僅以購物網站 BUYMA 為基礎確立了商業模式，每季的營收數字都節節高升，營業利益率超過 40%，在科技業中算是相當高水準。

除此之外，會員人數穩健成長，營收也會隨著會員人數的成長而增加，是很簡單的商業模式，所以我認為應該值得期待這家公司的成長，決定買進。2016 年開始買進時的公司市值，只有 200 億圓左右，規模比現在小很多，確實處於「接下來才要開始成長」的階段。

過了 5 年後，比起買進當時，現在的 Enigmo 不管是收益、BUYMA 的品牌實力、員工的陣容與水準、企業理念的大眾認同度等等，都和 5 年前判若兩家公司，會員人數也突破 800 萬人以上，成長為日本最大規模的購物網站，股價也持續上漲，成長為市值超過 600 億圓的公司，是 5 年前的三倍。

只不過，Enigmo 的業績雖然穩定，但股價變動的幅度較大。這也是成長股的特徵，不斷上下波動的同時，保持一路上升的趨勢，但股價其實在每次的漲跌行情時，都出現明顯的上下波動。

財報亮眼、增加配股配息、展開新事業……每次出現諸如

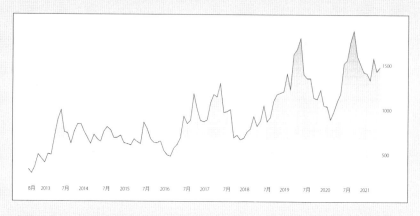

短期看波動劇烈、長期看穩定上漲的「Enigmo」

成長股特有的股價波動，基本上都是持續上漲，但過程中的上下波動其實很劇烈。我在 2016 年從 600 圓以下慢慢建立部位，在股價上漲的局面時賣掉一部分，達成實質上的「零成本」。目前還持有 800 股。只要像這樣在有利的價位買進，就能透過中長期持有確實獲利。

此類的利多消息，股價都會帶著成交量上漲，每當這種時候，我都忍不住想再多買；但不只 Enigmo，當利多出盡，買在低點的投資人開始獲利了結，股價就會下跌，回落到一定的價格區間。畢竟我已經抱了 Enigmo 的股票 5 年以上，可說是非常了解這支股票的個性了。

　　只要理解股價波動的特性（隨個股而異），就不會犯下在急漲趨勢衝進去買、一看到股價下跌就急著停損這種新手很容

易犯的錯。避開急漲趨勢，等股價稍微回檔，成交量減少，股價的變動也沒那麼劇烈的時候再買會比較放心，至少不會受重傷。而且一旦買進，就要相信成長股的未來性，耐心等待股價上漲。

以 Enigmo 為例，當股價漲到成本價的一倍，就先賣掉一部分，落袋為安，所以我現在的持股其實都是「零成本」。判斷 Enigmo 今後應該會繼續成長，請用長遠的眼光看待，像是 BUYMA 進軍海外、發展新事業等等，以公司擴展的方向觀察股價的波動。

請容我再重複一遍，無論再有潛力的個股，買進的時候都不要一次買滿，要保留現金購買力，逐漸建立部位。如此一來，即使跌破買進的價位也能再加碼，藉此增加股數、降低成本。新手很容易在選定個股的當下，一口氣投入全部的資金買進，沒想到下跌時該怎麼因應。

耐心等待買進時機，直到局勢對自己有利一避開急漲趨勢，在下跌趨勢、箱型盤整、緩步上漲時買進。

中長期投資之下，把握兩種買進的絕佳時機

◆ 在有利的價位買進

（1）股價穩定的時候

（2）股價下跌時，是加碼的時機（保持平常心）

◆ 在不利的價位買進

一口氣買在高點 → 股價下跌時攤平 → 沒有保持平常心 → 認賠殺出或在股價回到成本價時賣出

無法中長期持有，就不會有好的獲利

 結論

無論再有潛力的個股，都要避開急漲趨勢，在股價波動告一段落的局面（盤整、平緩上升、下跌）買進。

買進時覺得「會下跌」的股票，通常都能獲利

投資經驗尚淺的新手，一聽到與股票有關的有趣消息，就會很在意那支股票，開始坐立不安，最終忍不住衝動買下。

知名 YouTuber 會拍影片介紹、股票相關的雜誌會提到，知名投資人也會在社群網站公布其所矚目的個股……聽到這些，很容易情不自禁地撲向那支股票。

一旦累積了投資經驗，即使聽到這種有賺頭的利多消息，也能做出冷靜的判斷，分析個股，衡量買進的時機。

而我買進股票的流程是這樣的：當發現有潛力的個股，會先調查那家公司的資料。從該公司提供的 IR 情報等訊息研究公司的概況、事業內容、業績、市值、本益比、總公司所在地、員工的平均薪資、公司歷史……等，也就是與該公司有關的資訊。

像是業績這種為成長企業背書的數字固然也很重要，但我投資的時候更想知道經營那家公司的董事長為人，所以會研究董事長過去的人生、選擇創業這條路、克服無數的試練、直到今天的心路歷程。

不只是企業順風順水時，陷入瓶頸時也要研究董事長是怎麼跨越過去的難關、對將來有什麼展望、正在思考什麼樣的商業模式、如果用一句話來形容自家公司的優勢，董事長會怎麼說……等，這些都可以從董事長的影片或接受雜誌專訪的報導中看到。

後面會再詳細說明，我投資的股票多半是「董事長兼公司老闆」的企業，因此一定要研究主導公司經營的董事長個性、商業策略。

不過，即使調查結果顯示「這家公司會成長……好，買吧」，我也不會馬上買進。研究即將要投資的公司，確實是足以強化投資心態的「證據」，但光只是做好功課、收集資料，無法成為能獲利的投資腦。

最重要的關鍵，就是「要怎麼買」，也就是該在什麼時機點買進。

不只要做好功課，
更要耐心等待買進時機

調查過公司背景，決定投資後要分批買進，不要立刻一口氣全部買好買滿。先以前面提過「試水溫」的感覺稍微買進一點（100 或 200 股），過一段時間再逐漸加碼。

當自己看上的個股傳出利多消息，在市場上大受矚目，那支個股就會成為鎂光燈的焦點，推升股價；此外，買進「成為當紅話題」的股票時，通常會買在高點。

如果是擅長在高點買進，以更高的價格賣出的話，當然什麼問題也沒有，但是請做好心理準備，這時需要非常熟練的技術以計算買賣的時間點。

像我這種上班族投資人並不具備如此高深的技巧，如果不想追高，最好盡量避開那支個股交易得最熱絡的時期，挑選在股價相對持平的時間點買進，降低失敗率。避開可能失敗的方法，等於知道獲利的手法，甚至具有更高的價值。

上班族投資人要懂得「等待」，是一個很重要的獲利心態，只要能耐心等待買進的時機，就能大舉提升獲利的機率。

說實話，我到現在也還是認為「等待買進」的時機很困難……這也難怪，因為得違反人類「起心動念就想立刻買進」的本能，得要耐著性子苦等。**然而，若說因為等不了而賠錢的**

人占了一半以上，那麼只要靜待時機，就能擠入少數派的勝利組。

我前面提過，「投資股票的獲利是忍耐的報酬」這句話，說穿了，投資股票賺錢的祕訣就在於「等待」，例如「等待買進的時機」、「靜待賣出股票的時機到來」、「買完不要立刻換股操作，耐心等待下一次的時機」。

當所有人都在瘋一支股票的時候，千萬不要去湊熱鬧。能獲利的投資腦不會搶著搭上客滿的電車，而是隨時與多數派保持距離、靜待買賣的時機。

買進當下很開心的股票，
通常會賠錢

回顧我的投資歷程，有成功的交易，當然也一定有失敗的交易。

這兩種的交易的差別在哪裡呢？

成功的交易無一例外，買的時候都會覺得「害怕」。

反之，失敗的投資都發生在「應該能馬上賺到錢吧」、「應該能賺更多錢吧」這種以貪婪的心態買進的時候。

買得很開心的股票通常會賠錢，當以貪婪的心態買進時，滿腦子只有獲利的念頭，根本沒有投資方案，以致下跌時將無

法因應。即使股價跌破買進價位，出現帳面虧損，也因為事先沒有準備，不知該如何反應。

「怎麼辦……要是繼續下跌的話……老天保佑，漲一下吧！」這時大概只能向股市之神祈求，捏著一把冷汗看股價漲跌波動。

這麼軟弱的心態，當然不可能獲利，如同前面提到的「一旦向上天祈求就輸了」，可能會因為熬不住持股下跌，認賠出場。這是輸家的典型劇場，以前我也有過好幾次這樣的經驗。

幸好有這些失敗的經驗，以致現在的我與其說是冷靜，不如說投資的時候其實都有點「怕怕的」——但這個「怕」是正面的意思。

因為怕怕的，所以不敢一次買好買滿，而是在「買了以後如果下跌怎麼辦」、「肯定會繼續下跌」的心態之下買進；正是因為這種心情，買的時候不會一次買滿，而是花時間分批慢慢買，就算暫時上漲或下跌，心情都不會受到影響。

說得好聽一點，可以用「投資時並非 100% 有信心」來形容這種心態。要說是膽小或慎重也無妨，**但是比起自信滿滿地投資，投資時有點「怕怕的」，對於能獲利的心態來說剛剛好。**

每個人都害怕自己買的股票下跌，因此在股價下跌的局面買進股票，非常需要勇氣。這時能不能抱著敬畏之心進行投資，就顯得格外重要，這種恐懼心理也可以當成投資時的參考。

在「感覺不佳」的想法之下投資，內心是否充滿了「要是繼續下跌怎麼辦？在出現這種利空消息時買進，實在太可怕了」這種不確定、沒把握的念頭呢？

當你覺得害怕，其他投資人肯定也好不到哪裡去。既然如此，股價這時應該也很便宜；而當你感覺沒那麼可怕，不安心理逐漸緩和的時候，股價也會漲回來──這也是反過來利用投資心理的手法。

換句話說，當你覺得有點怕怕的，其實正好是可以買進股票的時機。

相反地，如果覺得買了會賺錢，其實反而是會賠錢的！

伴隨「恐懼」的心情，才是正確的交易

投資股票時，比較容易獲利的交易，是什麼樣的交易？

那就是「從明明還不想賣，可是因為資金調度的需要，不得不含淚拋售股票的人手中買進」，亦即在所謂「趁人之危」的狀況進行交易，最簡單明瞭的例子就是「信用交易被追繳（融資斷頭）」的狀況。

當進行信用交易（融資）時，通常都要抵押股票（擔保品）向券商借錢進行交易（如果帳戶裡有現金也可以列入擔保的計

算）。證券公司在計算擔保品的金額時會對抵押的股票打 8 折（以市價的 80% 計算），因此當股價急速下跌，融資買進股票的帳面損失會加速膨脹，用來擔保的持股價值也會縮水。為了維持保證金維持率，券商就會向投資人發出「追繳（追加保證金）」令。

通常有經驗的投資人在進行信用交易時，都會保留實力，以因應行情的變動，但是像 Covid-19 疫情發生時，所有的個股都陷入恐慌性拋售的狀態，無一倖免，由於暴跌的速度超乎想像，很多從事信用交易的投資人都來不及反應，收到追繳令。有些投資人即使收到追繳令也能勉強應付，但是也有很多投資人撐不下去，被迫賣出手中的持股。

對這些投資人而言，整個市場就跟地獄沒兩樣，**然而站在相反的立場，再也沒有比這種哀鴻遍野的場面更容易獲利的情況了。**

如前所述，「從明明還不想賣，卻不得不含淚拋售的人手中買進」是最容易獲利的交易。像疫情暴跌成那樣的時候，正好可以展開「趁人之危」的交易。

在想賣（或不得不賣）的人傾巢而出的情況下，想買的人只有一小撮。從供需的角度來看，供給遠大於需求，因此買方可以用便宜到不可思議的價位買進股票，可以用說是跳樓大拍賣也不為過的低價，買到自己想要的商品（個股），本來應該

要爭先恐後地搶購才對。

問題是，一旦跌到相當於「買到賺到」的股價，卻又遲遲不敢出手，擔心「會不會再繼續下跌」而不敢大量買進。暴跌是一種恐慌性拋售的狀態，悲慘到簡直是世界末日，會擔心害怕也是人之常情。絕大部分的投資人都嚇得不敢買股票。

當大家都還在觀望，股市已經打好底，開始一路飆漲。因為還沒擺脫恐懼心理，抱持著「怎麼辦……但或許還會再跌下去」的心情，所以也不敢貿然出手，結果看了老半天的目標個股，又漲回暴跌前的價位，令人悔不當初，開始後悔「唉，當時應該大膽買進的……」。以上是心理素質不強的投資人常犯的錯誤。

在所有人都感到「害怕」的時候買進，才更有機會獲利。倘若在商品（個股）的價格低於價值的時候買進，只要是好的商品（業績優良的成長股），價格一定會回升。「不想賣的人」將被迫在恐慌的局面賣出，而且賣壓不是一天就能結束，會持續一段時間，因此必須平心靜氣地撐過帳面虧損日漸增加的痛苦時期，這時端看有沒有一顆勇於買進的強心臟。

即使將 Covid-19 疫情這種好幾年都不曉得會不會來一次的暴跌視為極端的例子（話雖如此，但歷史證明市場不可能永遠上漲），拉長到一整年來看，股市一年也會有好幾次名為「修正」的下跌局勢。

　　相反地，股市一帆風順地保持多頭行情的期間還比較短，一年中有大部分的時間都在不溫不火地上下盤整，通常會保持中間夾著反覆來回修正的下跌趨勢，然後再上漲的律動感。

　　當整個市場都呈現多頭行情，每個人都想買進股票；這種局面買股票誰都會，樂觀的心情會讓腦內分泌快樂嗎啡，開開心心地買進。

　　反之，在股價不溫不火得有如一灘死水的時候買進，感覺其實不是很痛快，如果是空頭趨勢，心裡更是害怕。**能否在這種「其實不是很痛快的局勢」甚至「害怕的局勢」買進，是能不能成為賺錢投資人的分水嶺。**只要能耐心等待買進的時機，就證明你已經轉換成能獲利的投資腦了。

　　就像我剛才提到自己的經驗時說的，「（買進的當下）感到恐懼，才是正確的交易」。

　　「為什麼要在這個時候買呢……」在這麼想的時候分批買進，像是買的時候感到「害怕」，又或者是覺得「心情不是很痛快」的情況。

　　反過來說，如果投資時很痛快，通常都不是在好的時間點買賣，但如果覺得不太舒服，多半是正確答案。將這種心情，視為買進時機的參考看看吧！

提心弔膽地買進，才能獲利

◆ 開開心心地買股票

大家都在買的多頭行情

只想著賺錢，沒有買賣策略

失敗

◆ 買進股票時覺得「害怕」

大家都不買的下跌（或盤整）趨勢

預料股價可能繼續下跌，擬定買賣策略

獲利的機率很大

只要能靜待買進時機（避開多數人買賣的時機），就能轉換成「賺錢的投資腦」。

用「複利」打造「零成本」的投資心態

投資股票時，不管採取何種投資手法，都不要認為「所有的股票都能賺錢」。與其說是「不要認為」，說是「不能認為」更正確一點。

無論是再怎麼厲害的專業投資人分析走勢圖、選定個股、擁有絕對的自信，都無法避免看走眼、股價不漲（反跌）的狀況，尤其是短期的股價波動更難預測。**在股票的世界裡，情況隨時都在改變，沒有所謂的「絕對」，所以請牢牢記住，股價是無法掌控的。**

即使是我親身實踐、本書介紹的成長股投資也不例外。根據基本原則，股價應該會與將來的收益性連動，但是在各式各樣的要素錯綜複雜，影響股價變動的股票市場，也會出現不同於當時預測的波動。

從這個角度來說，投資股票有賺有賠。尤其是鎖定還在成長的「年輕企業」的成長股投資，要保持「只要有一部分的個股能賺大錢就行了，萬一看走眼也無可奈何」的心態。

　　用一句話來概括，就是「全部結算下來有獲利就行了」。

　　我們是凡人、不是神，誰也不曉得哪支股票一定會成長。要是知道的話，誰還會分散投資啊？當然是集中火力投資成長動能最大的個股呀！但這無疑是天方夜譚。如果是靠投資股票獲利的投資腦，在損益全部結算下來，不一定每支股票都有賺，甚至有的賠了不少，但整體仍處於獲利的狀況。

　　有成功就有失敗，只不過，投資時要採取能獲利的策略。明明看不到成長的跡象，卻基於「都跌成這樣了，應該會上漲吧」這種樂觀的預測投資的話，等於打一場沒有勝算的仗。分析各式各樣的條件，如果是「有機會賺錢」的個股，就要在「有機會賺錢」的時機閉著眼睛（大膽地）買進。

確保有足夠的資金，可以長期分批買進

　　我推薦給各位的成長股投資法，是以上班族投資人（除了投資股票以外還有正職工作的「兼職投資人」）的優勢，也就是「可以定期地投入資金，又不用馬上把資金領出來」為前提。

　　投資成長股基本上是以年為單位，要花很多時間的投資法，股價的上下震盪也比大型股劇烈，因此如果沒預留可以定期投入股票市場（戰場）的資金（補給），一旦子彈耗盡（資金用盡）就無法在長達數年的戰爭中獲勝。

　　只要持續投資，就能獲得配股配息、股東贈品、借券利息等收入，慢慢地讓資產增加，再拿這些增加的資金來投資，增強戰力。如果只賺到一點錢就馬上獲利了結，把錢用在投資以外的地方，將與長期下來有機會獲利的股票失之交臂。

　　投資股票是「乘法」的世界，也就是說，能投入多少錢到證券帳戶，是將來用乘法計算的基礎，所以這個數字非常重要。

　　舉例來說，1 萬圓乘以 100 倍是 100 萬圓；100 萬的 2 倍是 200 萬圓。由此可見，本金愈多，投資股票可以賺到的錢就可能愈多。

　　想當然耳，投資的本金愈多，亦即持有的股數愈多，股價上漲的獲利也愈高。相反地，股價下跌的損失也愈大，但分散投資、長期投資可以降低這樣的風險。

　　分散投資和分散買進時機都需要資金，如果手邊已經沒有資金可以投資了，無論採取再卓越的策略都難以致勝。就算勝利，可能也很無法大獲全勝（獲利有限）。

　　投資人最大的目的（最終的目標）應該都是賺大錢，只想賺點零用錢而開始投資股票的人應該不多；至少我親身實踐的

「牢牢抱住成長股，好讓獲利不斷成長」的成長股投資法，並不是以微小的漲跌幅區間賺點零用錢為目的。因此，在開始實際投入股市前，請先意識到自己能持續放入多少資金。

上班族投資專家的不敗資金配比

這裡再稍微說明一下，具體而言可以用存量（stock）與流量（flow）來想像「現金（手頭上的資金）」。

所謂的「流量」，是每個月的存款（扣除所有支出）。像我這種上班族，大約是以每個月收入的一成左右用於投資。一成只是參考值，請依自己的狀況抓投資金額。

所謂的「存量」，則是以現金的方式，保有兩成左右證券帳戶裡的資產。

重點在於「每個月用於投資的資金」這部分，如同前面說過的，投資是「乘法」，投資的金額愈多，股價上漲的獲利愈大，因此要努力增加每個月投資的金額。

投資的經典《巴比倫致富聖經》也介紹過，上述用流量與存量以隨時確保資金、形成資產的手法，這可是一般人為了致富，從遠古時代沿用至今的「資產運用的真理」。

投資股票時，挑中會漲價的個股固然也很重要，但持續（可以的話每個月）投入追加的資金也很重要。**簡而言之，投資要的是「複利效果」，除了挑選成長股之外，持續地增加本**

金也很重要。

　　不斷累積投資的本金（定期定額），需要腳踏實地的努力，即使股票賺到錢，也必須忍住不花掉，用於再投資。這些腳踏實地的努力及忍耐的成果，是投資股票的成功關鍵。

　　投資絕不是輕輕鬆鬆就能賺到錢的世界，從結果回頭看，即使是很厲害的 2 倍股、3 倍股，也是承受劇烈的價格變動，忍住沒賣掉，一直牢牢抱住的犒賞。為了獲取報酬，也必須承擔相對的風險才行。

定期定額、投入複利當本金

　　「恐懼」是投資股票的附屬品，明明以買進的股票會上漲、能獲利為前提買股票，但內心深處總是暗藏著「萬一下跌賠錢怎麼辦⋯⋯」的怯懦心理。因此我建議避開上漲趨勢，在股價沒什麼波動（或下跌）的局面買進比較好，但每次買進股票的時候還是免不了要與恐懼的心情拔河。

　　該怎麼緩和這種快被恐懼壓垮的心理呢？

　　亦即利用股利收入、每個月的閒置資金（從薪水追加投入的資金）持續投資。**說穿了，就是以「定期定額的感覺」投資。**

　　能以「零成本的感覺」來投資是這種作法的優點，而且因為是零成本，投資時也不會那麼害怕了。

善用「閒錢」和「股利」的複利投資，降低心理壓力

假設能準備 10 萬圓的股利和閒置資金，用這筆錢買進 10 萬圓的股票，感覺就像是「免費買到的股票」。只用了手頭現有的資金，不用另外再準備一筆新的本金，所以心情很輕鬆，感覺就像是「零成本」的投資，如果還有閒置資金，可以存下來做為下個月以後的資金。另外，因為是以「零成本的感覺」長期投資，心態上的安定感完全不一樣。

或許有人會反駁，「這 10 萬圓還不是拿自己口袋裡的錢出來投資，從現實的角度來看（從經濟的角度來說）有什麼不一樣？」但只要實際試過一次就知道了，精神上真的會輕鬆許多。投資股票的目的，是拿閒置資金（或是股利收入）等「不會用在別的地方的錢」來投資，因此就算不是真的零成本，從這筆錢不會侵蝕到自己的資產的角度來說，可以穩健地投資，不用為股價波動那麼緊張。

穩定的心態是投資股票非常重要的關鍵，只要能保持平常心，以冷靜的心態判斷，就能無限靠近投資股票的成功之道。

不妨把用於投資股票的閒錢和再投入的股利等資金，想像成「遊戲的代幣」，不要對那筆錢太執著。能在股市賺大錢的人，多半是把投資股票的資金當成玩投資股票這個遊戲的「代幣」。

定期定額、增加本金，堅持到底

◆ **定期把錢用來投資股票（確保資金）**

以「定期定額」的方式，用股利收入及閒置資金
來繼續投資（增加本金）

享受「零成本的感覺」（心理上的安全感）

◆ **投資股票如果想要高獲利，追求的是「複利效**
果」，增加本金（資金）很重要！

 結論

將投資股票的資金想成「遊戲的代幣」，是讓
心態穩定下來的關鍵。

（第三章）

投資高手用的「獲利思維」實戰技巧

有機會高獲利的 「小型成長股」，如何挑選？

投資股票是賺錢還是賠錢，在挑選個股時，就是命運的分岔路口。

選擇的個股會依手頭上的資金而異，但如果是投資股票的新手或投資金額不大的小資・上班族投資人，如果想要追求高獲利，最好選定「小型成長股」。

股票可以大致區分成「大型股」和「小型股」，簡單地說，「大型股」是在東證一部上市，人人都知道的有名公司，如豐田汽車（7203）、迅銷（9983）、NTT（9432）、三菱商事（8058）……等，都是有名的大型企業。

聽到這裡，大家或許會覺得，那還是買知名大企業的股票比較放心吧？確實會比較放心，但是說到「想賺大錢」可就不是這麼回事了。

　　「大型股」指的就是大企業，企業愈大，流通在外的股數愈多，所謂的機構投資人，也就是「專家」就會大量持有，因此股價的波動不大。再加上公司本身已經成熟，所以通常無法期待價格上能有太大的上漲空間。

　　當股價倍增，市值（由股價計算的企業價值）也會成長為2倍。如果企業的市值已經成長到 5000 億、1 兆圓的水準，除非利潤呈等比級數增加，否則股價很難推升。**不同於市值只有 200 億、300 億的企業，大型企業要推升股價其實很不容易。**

　　除非擁有強大的資金購買力，例如可以買進大量大型股的大戶或法人等主力，像我輩上班族投資人想用小額資金獲利的兼職投資者，並不適合投資大型股。就算股價上漲，但因為資金不多，買到的股數很少，當然賺的也不多。

　　另一方面，小型股的發行股數遠少於大型股，比較不會像大型股那樣被法人把持，相較之下股價不穩定、波動劇烈。由於流通在市場上的股票較少，**每當公司有什麼利多消息，股價就會一飛沖天；換句話說，即使買的股數不多（資金較少）也有機會賺大錢。**

　　反過來說，一旦出現利空消息時，股價也很容易大跌。

　　正因為「小型」，所以價格變動的幅度很大，要特別小心。這裡要注意一點，並非所有的小型股都是投資的好標的，一定要鎖定小型的「成長股」；換言之，要買進「未來會成長的公司」。

市值小於 300 億圓、
連續三～四年營收成長

什麼樣的個股是「小型成長股」呢？接下來為各位介紹幾個參考重點。

首先，一定要滿足「小型」這個條件，也就是那家公司的市值「不到 300 億圓」。不同於一般的定義，這是以「期待股價能大幅上漲」的前提設定的「小型股」的基準。

這裡簡單地說明一下什麼是「市值」，所謂市值是由公司「當時的股價」乘以「已發行的股數」。

舉例來說，假設股價為 1000 圓的公司已發行的股數為 10 萬股，「1000 圓 × 10 萬股＝ 1 億圓」，這家公司的市值就是「1 億圓」。**說得更簡單一點，這是市場對那家公司的評價，也就是所謂的「企業價值」。**

前面也提到，如果是市值超過兆圓的企業，要繼續提升市值（股價）並不是一件容易的事，就像要費很大的力量才能提起很重的東西。

這方面，市值比較小的小型股因為公司本身尚未成熟，還有很大的空間可以成長、擴大市值。

換句話說，還有很大的空間可以讓公司變大、讓股價上漲。在企業市值成長的過程中進行投資，也就是在這家公司長

大的過程中買進股票，最有賺頭。

那麼，要怎麼找出「成長股」呢？

一言以蔽之，只要找出每年「營收都能持續增加」，也就是每年都有賺錢的公司即可。搜尋的方法非常簡單，《四季報》等股票相關雜誌或網路券商的資料庫都可以看到公司的業績，只要翻出過去 3 ～ 4 年的數據，檢查「營業收入與獲利」是否皆高於上一期就行了。此外，上述的「公司市值」也會刊登在股票相關雜誌及網路券商的資料庫裡，不用自己一一換算，搜尋既有的資料庫就能知道。（註：台股的上市（櫃）公司市值，可用關鍵字查詢，在「TWSE 臺灣證券交易所」和「台灣股市資訊網」都可免費取得資料）

從長期的角度來看，會發現股價與公司的營收正相關。因此營收持續增加的公司，也就是持續成長的公司，股價將與成長連動，節節高升。

話雖如此，若說股價會永遠與成長等比例地上漲，倒也不盡然。短期的股價會上下震盪，上漲的速度也依公司而異。**不過，只要從長期的角度來看，業績是向上成長的企業，股價就會上漲。**且具有營收持續增加的年增率愈高，股價上漲的幅度也愈大的趨勢。

在本益比相對「便宜」時買進

鎖定了小型成長股後，再來就是買進了。這裡請各位注意到一點，那就是即使具有成長性，也要觀察那支個股是不是被買太多了。

成長股顧名思義，聽起來就是令人對成長動能充滿期待，描繪出充滿魅力的藍圖，在股票市場上市的公司，因此也深受投資人的矚目。尤其是眼光好的散戶投資人，應該已經有很多人注意到那支股票了；**在投資這些個股的時候，必須容許自己某種程度買在高點。**

話雖如此，還是想盡可能買在較便宜的時間點，這時要用「本益比」判斷買進成長股時的價位。

本益比又稱「股價盈餘比」，意指投資人願意以每股盈餘的幾倍買進該公司的股票（股價），公式為「股價 ÷ 每股盈餘」，用來代表該公司的盈餘與股價間的關係。

比較同一支個股「過去」的本益比，才有參考價值

本益比並非萬用指標，但至少可以根據本益比的水準來衡量該支個股在市場上有多搶手。還有，如果本益比的水準比過去高，證明該個股非常受歡迎，同時股價也相對地比較高。

另外，用本益比判斷股價貴不貴的時候，與其他個股比較

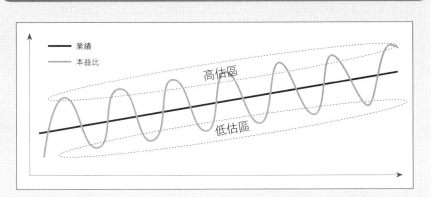

用個股過去的「本益比」變化區間，判斷買進的時機

每支個股都有其「適當」的本益比，「適當」的水位依產業及個股而異，所以跟其他個股比較並沒有太大的意義。基本上，股價都會在本益比上下「2倍」左右的區間波動。舉例來說，假設股價在「40 ～ 80 倍」的本益比區間波動，在本益比靠近「40 倍」的價位（低估）買進，可以買得比較便宜，風險也比較低。

並沒有太大的意義。例如貿易公司或銀行等成熟產業的本益比為個位數，與營收及盈餘皆呈現 2 位數成長的成長股比較也毫無意義，**還是得跟該個股自己過去的本益比做比較，如果感覺過高，最好等到回落到適合的價位再買。**

　　以 Hamee（3134）為例，過去 4 年的平均本益比為「28倍」。以這個本益比為標準，倘若遠高於這個數字（例如 40倍），表示股價「太貴」；倘若低於這個數字（例如 20 倍），表示股價「很便宜」。

換句話說，如果有想要買進的個股，必須研究該支個股本益比的變化區間（註：台股投資人的讀者，可參考免費的「Goodinfo！台灣股市資訊網」），如果過去都在「40 倍～ 80 倍」的範圍內變動，當本益比靠近 80 倍的時候，表示太貴，最好不要買進，以免犯錯；反之，若本益比靠近 40 倍，則表示「很便宜」，建議買進。

這家企業的董事長，是什麼樣的人？

找到想投資的小型成長股後，再來請仔細地檢查那家公司的事業內容，不能只看營收和本益比之類的數字，如果連一家公司在做什麼都不知道就買進的話，未免也太有勇無謀了。

連上這家公司的網站，可以看到「投資人專區」，裡面就有業務說明，只要看這個就行了。看完後，如果認同公司的事業內容，就能列入成長股的觀察清單。

董事長同時也是創辦人，利益和股東一致！

在瀏覽公司官網時，請務必也看看這家公司的董事長到底是個什麼樣的人。

請先確認，目前是否為「老闆兼董事長」。老闆兼董事長是成立這家公司，並將之做大做強、乃至於上市的大功臣。董

事長的意思會決定該公司的方向，對公司的成長造成相當大的影響。如果是直接由老闆經營的企業，可以迅速地做出積極又大膽的決策，這通常是小型成長股的「成長動能」。

　　反過來說，由「受雇的董事長」率領的公司，通常都是由許多董事一起開會，做出穩妥的決定，但這同時也是讓成長速度趨緩的原因。**老闆兼董事長的公司，成長速度可能會比較快，股價上漲的幅度也比較大。**

　　另一方面，由於老闆兼董事長本身就是公司的大股東，事業成不成功將直接影響到自己的資產。業績成長，股價就會上漲，自己的資產也會跟著增加，因此對股價十分敏感。這點不同於所謂的「受雇董事長」，受雇董事長與老闆兼董事長對自家公司股價的責任感截然不同。費了九牛二虎之力才白手起家、股票上市，老闆兼董事長的經營能力一定很優秀。

透過董事長的採訪或影片，觀察公司的特質

　　既然是上市公司的董事長，難免要接受媒體的採訪，自己出馬或由公司經營部落格，因此也可以觀察那些報導。不僅如此，我建議也看一下刊登在公司官網上附照片的董事長致辭，或是董事長的影片。

　　從董事長的影片可以看出光看數字看不出來的公司個性、事業特徵等等。**要投資一家公司，也就是買進一家公司的股票**

時，不能只知道數字上的經營狀況，了解經營那家公司的董事長是什麼樣的人也很重要。

藉由影片可以了解光看文字說明無法全盤了解的部分。而且董事長善於宣傳自家公司的優勢、特徵。聽董事長自己說明只有自家公司才有的優勢，如果能接受他的說法，就足以成為「買進」的理由。

說到底，這就跟接受醫生的問診或觸診一樣。換成醫生的領域，可以從市值及本益比、業績這些外在因素判斷的數字，就像利用抽血、心電圖、血糖、膽固醇等數值來判斷一個人健不健康；除此之外，還要實際向患者問診或觸診，才能判斷患者有沒有生病，了解董事長的為人就相當於問診或觸診。

親眼看、親耳聽董事長的理念，分析公司的成長性、未來性。也要了解董事長本人是個什麼樣的人，是野心勃勃？還是工匠精神？是理論派？還是注重上下關係？諸如此類。

觀看董事長的（採訪或理念）影片可以得到許多的訊息，倘若覺得「這家公司（的董事長）跟自己調性很合，值得信賴」就買，倘若有相反的感受，那就就不要買。

這也是投資心態中非常重要的一點。

找到合拍的公司老闆，才能放心抱緊股票

董事長是一家公司的首腦，如果為人不值得信賴，或是與

自己不合，買進那家公司的股票後，萬一股價下跌，可能會擔心得睡不著。**反之，如果相信董事長，買進那家公司的股票，就算股價下跌也不至於太擔心。**「有那位董事長在，不用煩惱這麼多」。

兩種差異非常大，能否繼續持有那支股票，還是忍不住賣掉，說是完全取決於心態也不為過，這也是「成王敗寇（賺錢還是賠錢）」很重要的分水嶺。

如同我前面說過的，小型成長股的價值變化很劇烈，所以股價也會劇烈地上下波動。有時候甚至會像坐雲霄飛車似地上上下下。因此如果從短期來看，可能會被股價的波動嚇到而立刻賣掉，所以要特別小心。

不要執著於眼前的波動，請拉長到 1 年、2 年……甚至從更長遠的角度，以長期投資的心態持有。站在長期的角度來看，那家公司只要持續成長，股價遲早會追上來。因此請確實地掌握董事長的人格特質和公司的事業內容。

只不過，這裡有一點必須注意，萬一不小心看走眼，當公司獲利衰退或公司停止成長，股價跟著下跌的可能性很高，屆時請不要死守忍耐的心態，最好果斷地賣掉。

即使是未來再有成長性的個股，既然要買，當然還是買在低點比較好。**請視自己的資金多寡，設定買進價位，用本益比判斷股價現在是合理還是太貴，衡量買進的時機。**牢牢地鎖定

便宜的小型成長股，逢低買進，耐心等待它成為 10 倍雪球股。

「小型成長股」的選股重點筆記

(1) **小型股**……市值「不到 300 億圓」

(2) **成長性**……用過去 3 ～ 4 年的數據，比較「營業收入、獲利」是否皆高於前期

(3) **本益比（PER）是否夠便宜**……比較鎖定的個股過去的本益比與現在的本益比，判斷股價夠不夠便宜

(4) **了解公司的事業內容**……上公司官網看

(5) **是否為老闆兼董事長**……小型成長股首重董事長的經營手腕

(6) **了解董事長的為人**……從媒體採訪報導、公司官網來看（如果有影片也要看）

 結論

可以的話，請選擇符合上述條件的企業買進股票（不用完全符合也沒關係，盡量即可）。

最佳買進時機，
要抓到眾人的「期待值」

　　每支股票都有其「買進的時機」，只要能分清楚「該買的時機」與「不該買的時機」，就能提高投資股票獲利的機率！**即使買進同一支股票，還是有人賺錢、有人賠錢，差別在於「買進時機」的優劣。**

　　以「田中串炸控股公司（3547）」這支股票為例，想必大家都聽過這家公司旗下的「大阪名物串炸田中」。或許也有人不知道，「田中串炸控股」可是堂堂在東證一部上市的股票。

　　觀察田中串炸控股的股價波動，不難發現受到疫情的影響，股價從 2020 年 2 月開始下跌，同年的 4 月 2 日因為日本政府的緊急事態宣言，宣布所有的直營店暫停營業，第二天的股價便立刻暴跌到 867 圓，原本在 2000 圓以上的股價跌掉了一半以上。

然而，觀察該公司之後的動向，發現股價在那之後慢慢回穩，進入有望解決緊急事態宣言的 5 月後，股價提前反應，漲回到 1600 圓以上。距離 800 多圓的低點幾乎漲了一倍，要是當初在 800 多圓買進，等於賺了快一倍。

由此可見，**社會大眾對這家公司的前景感到不安時，股價將變得比較便宜；對前景的不安一旦減弱，股價就會上漲。**話雖如此，在最糟的情況買進時，萬一公司倒閉就完蛋了！所以不能一看到股價下跌就不管三七二十一買進。畢竟也有一些公司股價是下跌後，就再也爬不回去了，又或者是買進之後仍不斷下跌。

那麼該如何分辨「到底要不要買」呢？又如何判斷什麼時候是「買進的時機」呢？重點就在於「期待值」。

達人不藏私的「期待值計算公式」，掌握買進時間

「期待值」是可以計算出來的，聽起來好像很難，但其實很簡單，只要會簡單的加減乘除，你也能算得出來。

以計算投資 100 圓的期待值為例，假設投資 100 圓有 20% 的可能性歸零，有 80% 的可能性變成 200 圓，期待值為──

「0 圓 ×20% ＋ 200 圓 ×80% ＝ 160 圓」

　　換句話說，投資金額為 100 圓的期待值為「160 圓」，也就是「1.6（160÷100）」，亦即每 100 圓有「60 圓的獲利」。

　　相反地，假設歸零的可能性為 80%，變成 200 圓的可能性為 20% 的話：

　　「0 圓 ×80% ＋ 200 圓 ×20% ＝ 40 圓」

　　這時的期待值為「0.4（40 圓 ÷100 圓）」，亦即每 100 圓有「60 圓的虧損」，表示投資的話，賠錢的可能性很高。

　　當期待值小於「1」，表示即使投資也很有可能賺不到錢。

　　反之，當期待值等於 2 或 3……期待值愈大，賺錢的可能性愈高。

　　其實這套「期待值」的算法是曾經以「村上基金」成為時代寵兒的村上世彰先生用於投資的手法，與統計學上正統的期待值不太一樣。村上先生曾說：「投資期待值小於 1 的商品等於做白工。」知道期待值的算法，有助於在投資時多一個判斷的標準。

　　那麼，實際將上述的期待值算式套用到股票投資來看。

　　股票的算法是「（股價）期待值＝（下跌時的股價 × 下跌的機率）＋（上漲時的股價 × 上漲的機率）」。

　　光聽我這樣說，或許有點難以理解，直接以前面提過的田中串炸為例，計算股價因全店暫停營業下跌至 800 多圓時的期待值。

簡單抓「800 圓」來計算，假設公司萬一倒閉，股票將變成壁紙，一文不值，雖然應該不至於變成那樣，但姑且假設在跌至 300 圓的時候死心賣掉。另一方面，假設股價可能會漲回原本的價位，也就是 2000 圓左右。

套入剛才的公式，「下跌時的股價」為 300 圓，「上漲時的股價」為 2000 圓。**也可以將下跌時的股價設定成「預定停損的價格」，將上漲時的股價設定為「自己想賣的股價」或「認為會反彈到哪裡的股價」**。再來是「下跌的機率」與「上漲的機率」，各是多少呢？

如果一直無法重新開門做生意，營收繼續下滑，最糟糕的情況是會倒閉嗎？還是等自肅期間結束，疫情也告一段落，業績就能起死回生呢？試想以上的可能性。

「那麼受歡迎的餐廳，又是東證一部的上市企業，不太可能在自肅期間倒閉，但營收肯定一落千丈，不過只要重新開張，客人也會回流……既然如此，跌到 300 圓的機率多估一點，估 60% 好了，回到 2000 圓的機率抓 40% 如何？」

關於機率的數值，抓個大概就行了；不過上漲的機率不要估得太樂觀，不妨稍微嚴格一點。根據以上推算評估之後，按照算式計算出實際的期待值。

「300 圓 ×0.6 ＋ 2000 圓 ×0.4 ＝ 980 圓」

結果是比 800 圓的現值「多了 180 圓」，換句話說，投資

期待值為「1.225（980 圓 ÷800 圓）」。代入村上基金式的說法就是「期待值超過 1，具有投資價值」。也就是說，獲利的可能性很大。

另一方面，如果是在暴跌後反彈的 1600 多圓買進呢？

假設股價上漲時的預期股價保持不變，仍為 2000 圓，因緊急事態宣言暴跌的「800 圓」為下跌（停損）的股價，再假設上漲、下跌的機率各半。

「800 圓 ×0.5 ＋ 2000 圓 ×0.5 ＝ 1400 圓」

投資期待值變成「0.875」，低於「1」，比當時股價 1600 圓「少了 200 圓」。

根據這個結果，可以做出「最好不要買」的判斷，不僅上漲空間變小了，下跌時的跌幅反而變大了，所以最好不要買。

實際上，這支股票後來又再度下挫，跌到 1000 多圓，如果在反彈至 1600 元時買進、卻在這時忍不住賣掉，一定就會虧損（不過，在 2021 年 6 月中旬漲回 1900 圓左右）。由此可見，**即使是同一支股票，期待值也會依當時的股價及經營狀況、社會局勢而異。**

如果想買進鎖定的個股，別忘了計算當時的期待值；計算時帶入公式的股價及機率，可以憑自己的感覺設定，做為是否要買進的參考。

期待值愈高的股票，賺錢的機率也愈高，因此「可以買」；

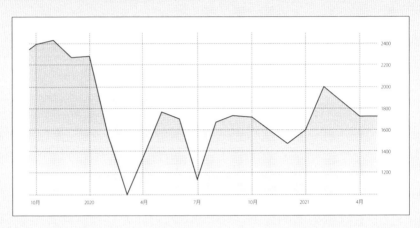

因 Covid-19 疫情暴跌時，股價跌到 800 多圓。當時的期待值為 980 圓，所以是 800 圓的「1.225」倍。期待值大於「1」，因此可以「買進」。後來果然一時漲到「2000 圓以上」，價股反彈了 1 倍以上。

期待值低於「1」的股票，獲利的可能性很低，最好「不要買」。

盡量挑選期待值比較高的股票買進，就能一口氣提高獲利的機率。

把暴跌當成
「跳樓大拍賣」！

從 2020 年 3 月開始襲捲全球的 Covid-19 病毒，引起了各國的股票暴跌，讓投資人陷入恐懼深淵。

美國股市因為跌得太快太深，啟動了好幾次熔斷機制（急遽崩跌時，為了不讓股價繼續下跌的系統），日本股市也連跌了好幾天。完全看不到止跌訊號，簡直就像是坐著雲霄飛車衝進無底沼澤，幾乎所有的投資人都陷入恐慌之中。

因為太害怕了，忍不住拋售持股，被迫停損。殊不知從結果看來，其實全部賣在谷底，後來即使止跌回升，也擔心「應該還會再跌吧」而不敢出手，眼睜睜地看著賣掉的股票不斷上漲，後悔也來不及了——大概有很多投資人都是這樣吧！

雖然是馬後炮（並非真正的結論），要是 2020 年疫情暴跌時沒有賣掉，又或者是勇敢買進，之後股價上漲時應該能大

幅獲利。事實上，日經平均指數後來一度突破 3 萬點，也有很多個股都漲回暴跌前的價位以上。

那麼，為什麼暴跌時會忍不住賣掉呢？又或者是深怕繼續下跌而不敢買呢？

那是因為面對「暴跌」這種突發狀況時，投資人陷入無法冷靜判斷的狀態；換句話說，是心態的問題。那麼，到底該怎麼做才好呢？

「消費者腦」會認為「暴跌很危險」，但「投資腦」會認為「暴跌是賺大錢的好機會」；除非轉換心態，否則永遠都在做「賠錢的交易」。

Covid-19 疫情雖然造成歷史性的崩跌，但股票市場本來一年就會出現幾次以「修正」為名的下跌。這時該採取什麼行動，才能賺到錢？

換個說法，該怎麼做才能轉換成「獲利的心態」呢？以下就以 2020 年發生的疫情為例為大家說明。

從雷曼風暴到疫情危機，暴跌最終會反彈上揚

先整理一下當時的狀況。

由於 Covid-19 病毒蔓延全球，導致世界局勢陷入混亂，

全球經濟也受到相當大的破壞。看不清全球經濟的前景，恐慌性賣壓造成股價崩跌；全球都處於驚慌失措的狀態，幾乎所有的投資人都不惜虧損也要拋售持股。各國充滿了對疫情感到悲觀的新聞，世人無不認為投資股票只剩下風險。

「再這樣下去，股價會不會繼續下跌，變成壁紙？」

所有人都害怕極了。

這時如果輸給恐懼，賣出持股，永遠都是賺不到錢的「消費者」；為了培養能獲利的投資人心態，必須先拋開恐懼，冷靜地分析狀況。

「真的會繼續這樣跌下去，甚至發生日經平均指數歸零的情況嗎？」

冷靜想想就知道，這不可能。無論再怎麼崩跌，股市遲早都會打底，過去的歷史已經證明了這一點。

例如 2008 年發生的「雷曼風暴」，起因是美國的投資銀行雷曼兄弟財務出現問題，導致全球陷入金融危機，各國的股價皆一瀉千里。投資人無不擔心「會不會就此沒完沒了地跌下去……」，於是紛紛恐慌性拋售持股。當時的日經平均股價指數從大約 18000 圓跌到 6994 圓才止跌，花了一年半左右的時間打底。

我當時也驚慌失措地胡亂交易，結果幾乎賠光了所有的投資金額，相當於當時所有的財產。現在回想起來，當時的我完

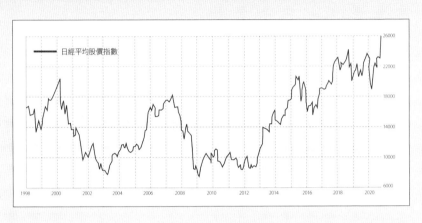

「日經平均股價指數」在雷曼風暴 & 疫情時期的變化

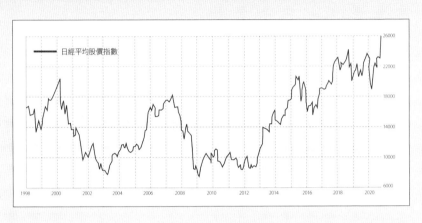

日經平均股價指數

2008 年的「雷曼風暴」時，日經平均股價指數在 1 年半內就從 18000 圓暴跌到 6994 圓，打完底後一路飆漲到 24448 圓（2018 年 10 月）。比雷曼風暴發生前的 18000 圓還多 6000 圓以上，創下歷史新高。不僅如此，在疫情期間的 2021 年還一度寫下突破 3 萬圓的紀錄。

全不具備「投資贏家的獲利心態」，我的資金雖然化為烏有，但是想也知道，股票市場並沒有如我恐懼的「歸零」。即使有如坐了一趟雲霄飛車，也沒有股票真的自由落體，股市一定會打底。

打完底後又會開始上漲，過程中當然會上下震盪，最後在 2018 年 10 月漲到 24448 圓，比雷曼風暴發生前的 18000 圓還多 6000 圓以上。

因疫情崩跌的這次危機，也發生了跟雷曼風暴一樣的狀

況；日經平均股價指數輕而易舉地突破暴跌前的價位，創下 3 萬圓的新高。漲勢之凌厲，彷彿疫情從來沒有發生過。

　　崩跌時，市場上充滿了有如「世界末日」的新聞，很容易讓人只看到悲觀的訊息，但暴跌遲早會結束，打完底後又會再度上漲。「雷曼風暴」及「Covid-19 疫情」等過去的歷史已經證明了這一點。

　　為了打造能賺錢的投資人心態，絕不能只看見眼前的風險。也要看到藏在風險背後的機會，正所謂「危機即轉機」，能牢牢抓住這個機會的，只有具備投資腦的高手們了。

趁暴跌時，以合理價 ‧
便宜價買進夢想中的股票

　　除了整個大盤的趨勢，接下來分析個股在這波疫情之下的狀況，先看看經營迪士尼樂園的東方樂園（4661）。

　　2020 年 1 月為 16000 圓的股價，因為疫情崩跌到 12000 圓，眼看著一次跌掉 4000 圓（1 張就是 40 萬圓），大概有很多人都會忍不住賣掉手中的持股吧！

　　然而當疫情開始趨緩後，股價止跌回升，一路漲到 18000 圓，比暴跌前還高（2021 年 6 月中旬為 16000 圓）。如果沒賣掉，或是當時買進就能賺錢了。

東方樂園是很受歡迎的股票，持有這支股票可以獲得「股東專用優待券」，平常不太會大跌。因此一旦打到跌停板，就會有人買進，推升股價。暴跌時「管他是大便還是黃金」，跟其他股票一起被亂賣一通，像這種平常不太會下跌的股票，也能以便宜的價格買到。

　　這種天賜良機只會出現在像這次全球大事件類型的崩跌，抑或每年只有幾次修正時的暴跌。原本要 160 萬圓才能買到 1張，當時居然只要 120 萬圓就能買到了。以前因為太貴而買不下手的高價人氣股，等於打了 40 萬圓的折扣，絕對是買進的好機會。

　　不過要注意一點，就算打折打到骨折，便宜到不行，有些股票可以買，但有些股票就是不能買。

　　在像是雷曼風暴和疫情影響之下，可以買的股票是業績良好的公司，像是東方樂園那種營收持續增加的公司、或是正在成長的績優股。還有就是無人不知、無人不曉的產業大型股。買進這類企業的股票，只要崩跌畫下句點，股價遲早會漲回來，至少幾乎都會漲回暴跌前的水準。

　　舉例來說，只要想想疫情告一段落後，迪士尼樂園及迪士尼海洋會是什麼樣的情景就知道了！大家肯定又會去玩。不僅如此，因為現在就算想去也去不了，到時候可能會引發報復性出遊，這麼一來，業績也會向上，到時候股價自然會重振雄風。

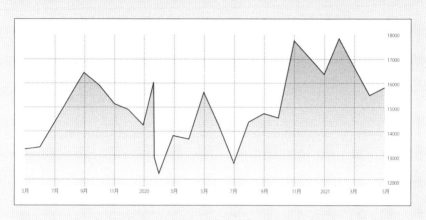

平常不可能入手的優質股票「東方樂園」，趁不理性崩跌時撿便宜

東方樂園的股價在 2020 年 1 月原為 16000 圓，因為 Covid-19 疫情的崩跌，暴跌到 12000 圓。後來當疫情回穩，股價止跌回升，漲到 18000 圓，比崩跌前還高。業績良好的公司即使一時不理性地崩跌，只要股市恢復正常，股價就會回升。

　　這裡請注意一點，那就是不要因為持股的股價暫時下跌就急著賣掉。如果是「可以買的好公司」，股價一定會漲回來。而且因為已經跌得很深了，只要抱得住，遲早會高於買進的價格，不要被眼前的股價波動迷惑，一定要沉得住氣。

　　反之，這種時候更不能買業績不好的公司。如果因為便宜就興沖沖地買進，倘若業績比暴跌前更差，最糟的情況可能會破產。或是就算沒有破產，也回不到原本的價位，一直在低檔

徘徊。就算再便宜，也不能買進在崩跌前業績本來就不好的公司，這點請特別注意。

還有注意一點，那就是千萬不要想著短期內就要獲利。只要是看著 1 年後……不止，是 2 年、3 年，乃至於 5 年後的長期投資，只要是在股價下跌時買進，有朝一日必定會變成好幾倍，回到你的口袋裡。

前面提到大名鼎鼎的「投資之神」華倫‧巴菲特也說過：「投資股票以賠錢的人占大多數。**因為賺不到錢的投資人只會在大環境好的時候投資，在感覺害怕的時候賣掉。**」

事實上，巴菲特本人也在雷曼風暴崩跌時買進大量變得很便宜的績優股，大賺了一筆。當時他有一句名言就是「我現在買進美國股票的原因極為單純，**因為要在市場貪婪時慎重，要在市場恐懼時貪婪**」。

只不過，千萬別忘了長期投資的目的是要買進「業績會確實成長」的公司。暴跌時正是「股價跳樓大拍賣」的好機會，可以便宜地買進划算的績優股，牢牢地抓住賺錢的機會。就像在股票的世界裡也有「人棄我取、人多的地方不要去」等至理名言。

暴跌或急跌時，市場會瀰漫著恐慌的氣氛，但當大家都想賣的時候，才是賺錢的好機會。只要能這麼想，就能冷靜下來，讓心態切換成「能獲利的投資人腦袋」。

COLUMN

暴跌時是賺錢的好機會

◆「消費者腦」

「暴跌很危險」→ 急著停損（怕得不敢買）

⬇

賠錢的韭菜心態

◆「投資人腦」

「暴跌是賺大錢的好機會」→ 樂於加碼

⬇

賺錢的高手心態

結論

暴跌是可以便宜買進優質股票的天賜良機！請當成是跳樓大拍賣的撿便宜好機會。

分批買進，讓手上隨時保有加碼的餘力

投資股票時，我猜新手、初學者最害怕的莫過於股價下跌，出現「帳面虧損」的情況。

但只要繼續投資股票，帳面虧損是永遠無法逃避的課題。
就連將來股價一定會上漲的股票，從短期的角度來看，無論如何都會出現股價低於自己買進成本價的狀態，不可能那麼幸運地一買就漲，股價下跌在所難免。

尤其是成長股，投資人看好其未來的成長性，股價通常都會維持在較高的價位，途中因為某個利空消息使得股價暫時下跌，是再自然不過的事。

既然就連將來一定會上漲的個股，股價也經常上下波動，下跌在所難免，那麼當股價處於下跌趨勢，該怎麼應對才好？只要能知道正確的手法，應該就不至於手忙腳亂地停損了。

　　看到下跌趨勢，就算已經有心理準備，難免會讓人心生不安，但只要事先想好該怎麼應對，就能不那麼驚慌；保持冷靜的心態，也保持能獲利的投資腦。

股市既然會漲，那就一定會跌

　　首先要認清，若是當遇到下跌趨勢會驚慌失措，就是沒有事先預設「投資的股票會下跌」。

　　投資人買進股票及獲利了結時，腦內會分泌快樂嗎啡，這是人類的本能，因為「增加自己的資產＝有利於生存的行為」。

　　因此愈是經驗尚淺的新手或初學者，購買股票時愈難保持冷靜。因為只想到股價上漲的情況，很少想到自己買的股票「說不定股價會下跌」。

　　如果運氣好，買進的股票上漲，也會在腦內妄想「應該會繼續漲上去吧」，陷入所謂「好傻好天真」的狀態，心態上完全進入「賠錢模式」的「消費者腦」。

　　沒有實際投資（沒買股票）的人，尚且能以局外人的角度慎重且冷靜地判斷「股價或許會下跌」，可是一旦實際持有部位（買進股票），再加上股價上漲，就會產生「應該會繼續漲上去」的錯覺，以為股價會永遠上漲。

　　其實只要冷靜下來想一想，就知道股票市場不可能永遠保

持在多頭行情；在多頭行情這個巨大的洪流中，即使上漲，也一定會面臨修正，換言之，股價遲早會下跌。搞不好現在報酬率還是正值，因為股價突然一下子跌到買進的價格以下，變成負的報酬率。

事先預測股價會下跌，做好「下跌時該怎麼辦？」的心理準備，是轉換成能獲利的投資腦不可或缺的要素。

保持部位並預留
隨時可以加碼的資金

具體的因應之道，我建議以下三種模式──

（1）分幾個月購買一支個股，即使碰上下跌趨勢也能投資（加碼）。

（2）維持一定程度的現金部位，就能在一定程度的範圍內追加投資。

（3）先賣掉所有的部位停損避難，等到趨勢開始走高再投資（買進）。

這三種手法沒有一定的正確解答，端看個人採取哪一種投資手法、選擇什麼樣的策略而異。

以我為例，我屬於「中長期的成長股投資」型，因此我會隨時保持現金部位（隨時預留可加碼的資金），以分批買賣的

手法因應。

　　買進後，做好股價會跌到某個程度的心理準備，持續取得部位（續抱），**同時保留一定的現金，以備股價下跌時可以進場加碼。**

　　或許也有人認為「如果相信自己買的股票會漲，就應該投入全部的資金」，但投資成長股的特徵就在於股價上下波動的幅度很大，**即使中長期上漲的可能性很高，投資時也要做好「股價可能會腰斬」的心理準備。**

　　股票市場是個不知道什麼時候會發生什麼事的世界，像 2020 年的 Covid-19 疫情就讓整個股市幾乎崩盤，個股也近乎腰斬（有些個股甚至跌了一半以上）。再怎麼有潛力的股票也無法抵抗市場整體的震盪，當時我的持股幾乎都下跌到將近是腰斬的價位。

　　發生這種意料之外的狀況時，要是投入全部的資金還得了！只能束手無策地看著持股價格愈來愈低，內心充滿焦慮，心態大受影響，然後撐不下去停損，賠了一大筆錢⋯⋯最後可能會演變成這種悲劇也未可知。幸好我早已料到，股市遲早會面臨空頭市場，事先預留一筆可以加碼的資金。

　　以剛才的例子來說，倘若我認為「如果是有潛力的股票，就應該買好買滿」，投入全部的資金，恐怕我也無法承受疫情造成的崩盤，將大部分的個股認賠殺出。

幸好一開始就做好「會下跌」的心理準備，就算面對因疫情影響的崩盤，也沒有因此驚慌失措地停損，反而追加投資（加碼），等到後來股價回升，持股的價格甚至回漲到比疫情崩盤前還高。

股價下跌，才是獲利的機會！

持股下跌對任何人來說都是一件很痛苦的事。因為資產實際上減少了，教人坐立難安。若以前面提到過的「腦內快樂嗎啡」來形容，腦內肯定會分泌出「不快樂（負面）嗎啡」，與買進時的興奮情緒恰恰相反。在這種情況下，該怎麼把心態調整成「不會賠錢的投資人心態」呢？

那就是要改變「看事情的角度」。

假設你還有沒買到的潛力股，當那支股票的股價下跌時，你會怎麼做呢？有些很棒的潛力股，但之前的股價一直太高、無法出手，好不容易下跌了，這可是買進的大好良機！換句話說，看在想買進新股票的人眼中，「股價下跌」其實是再好不過的「獲利機會」。

既然如此，自己也要把下跌視為「潛力股下跌了，可以買進」的機會，改變看事情的角度至關重要。

我可以體會「說是這麼說，但是在有帳面虧損的情況下，

實在顧不了這麼多」的心情，畢竟沒有人希望看到自己的持股下跌。

只不過，這時如果一開始就預設股價「會下跌」，**不要一次買好買滿，而是分批進場的話，其實也是降低買進成本（買價）、增加股數的好機會。**

這裡很重要的一點是剛才也說過的有沒有保留「現金（資金）」，這將大大地左右投資人的心態。

在保留一定現金水位的情況下，即使面對預料中的空頭市場，也能以「跌到理想的價位就買」和「要在哪個價位買進呢」的心情守株待兔。就像鎖定自己想要的商品，虎視眈眈地盯著週年慶到來的人。

另一方面，倘若沒有預留充裕的現金，碰到下跌的狀況就只能坐以待斃。

對股價的下跌感到膽顫心驚，受不了只好認賠殺出，結果賣在最低點，股價從那裡開始止跌回升，再來只能眼睜睜地看著股價一路創新高……結果可能就是這麼悲慘。實際上，這次Covid-19疫情的暴跌，應該有很多投資人的心態都跟著股價一起崩盤，含淚停損。

「資金有餘裕，心情也會有餘裕」，真的很不可思議。手頭保有可以運用的現金會讓人心情變得冷靜，為了保持平常心交易，重點在於要隨時保留一定的現金。

認清再怎麼有潛力的股票、也勢必會面臨下跌趨勢，並隨時準備一筆可以加碼的資金。當下跌趨勢一如所料地來臨，就要觀察股價的波動，大膽地買進。

　　這時也要做好「股價還會繼續下跌」的心理準備，不要見獵心喜，一次投入所有的資金，還是得保留一些現金。

　　面對股價下跌（修正）時切勿慌張，只要想成「這麼一來又可以在低點加碼」就好了。擁有股價稍微下跌時能一笑置之的穩定心態，才算是真正擁有能獲利的投資腦。

COLUMN

要隨時保留一定的現金水位！

◆ **有餘力加碼（現金）**

事先想好股價會下跌 → 靜待買進的時機

資金有餘裕，心情也會有餘裕
（賺錢的投資人心態）

◆ **沒有餘力加碼（現金）**

事先沒有想到股價會下跌 → 對股價的下跌感到膽

顫心驚，受不了只好認賠殺出

精神上陷入絕境，心情也沒有餘裕
（賠錢的消費者心態）

結論

再怎麼有潛力的股票，也勢必會面臨下跌趨
勢，要隨時準備一筆可以加碼的現金（資金）。

沒有「完美的交易」，
但能避開「糟糕的交易」

　　投資股票時，實際投入的資金應該占準備好的資金幾成呢？**先說結論，沒有一個「應該幾成」的標準答案適合所有的投資人，因為這將依照投資人的投資策略、財力（剩餘資金）等各種條件而異。**

　　倘若你是利用指數型基金長期定期定額分散投資的人，或許不需要剩餘資金，因為你不需要依個股加碼等投資手法，基本上可以把全部的資金都用於定期定額投資（指數）；而如果持股是以領穩定的配股配息，抑或領取股東贈品為主的個股，大概也不需要預留太多的剩餘資金。

　　想當然耳，為了能在便宜的價位買進，最好還是預留一些資金，但如果是以配股配息或領取股東贈品為主的投資手法，就不需要太在乎股價，而且業績穩定的大型股，股價的波動也

比小型股穩定，因此可以比較放心地投資，必須注意手上是否保有資金的，是以本書介紹給上班族投資人的小型成長股為主的投資人。

　　小型成長股可以期待股價一飛沖天的同時，股價也會反應投資人的期待值，一旦成長不如預期，股價就會下跌。即使業績穩定成長，如果投資人一股腦兒地瘋搶，早晚也要修正（下跌），或是因為股市崩盤，股價可能也會變動。正因為是小型股，隨時都要承擔股價大幅變動的風險，為了因應不知道什麼時候會發生的股價暴跌，必須隨時保留實力才行。

別一口氣「梭哈」
全部的投資本金！

　　以我為例，我會預留投資金額的「2成」左右做為剩餘資金（現金）。另外，雖然我主要採取以投資小型成長股為主的策略，但也不是所有投資的股票皆為成長股，還是有 1/3 左右的高殖利率股；除此之外，還會定期從每個月的薪水中撥出一筆投資股票用的追加資金，以確保穩定的資金來源。

　　接下來打算開始投資成長股的人，請不要一開始就使出全力。如果把預定要投資的金額全部丟進股市，股價下跌時，心情很容易失去平靜，無法冷靜地交易。

如果無論如何都無法按捺、想一次把資金全壓在鎖定的潛力股上的衝動，就算手邊有很多錢，也不要全部匯入證券帳戶，先滙入一部分就好，這麼一來就算想一次買好買滿也辦不到，等於被迫分批進場。

　　像這樣先買一部份之後，再匯一筆錢進來交易……如此週而復始，就能避免一次大量買進，而是慢慢地增加持股。

　　如果一開始就投入全部的資金，很容易在股價下跌，忍不住賣出股票的時候產生「還是放棄吧」的想法。因為心態崩塌，黯然退出股票市場的人多如過江之鯽。

　　投資有賺有賠，一定要利用一部分的資金，慢慢地累積實戰經驗，找出適合自己的投資手法，在那之後再來穩定地增加資金也不遲。

　　我能理解戶頭裡好不容易存到一筆錢，想全部拿來投資的心情。但就像沒有任何一項工作能一開始就得心應手，投資股票也不可能一開始就一帆風順，**在找到成功的模式之前，最好採取比較保守的投資手法。**

　　找到有潛力的個股，手上又有一筆錢的話，要是沒有馬上全額買進，可能會覺得不划算。尤其是如果沒有一開始就搭上股價上漲的順風車，可能會心急如焚地想買進，但是請不要著急。一旦著急，心態就先輸了，這是典型的賠錢腦模式。

　　不用急，股市隨時都敞開大門歡迎你！但這裡同時也是個

弱肉強食的世界，急著想買進，只會變成被專家收割的韭菜喔！

股價盤整時，
就是「分批買進」的安全時刻

那麼，如果想成為能夠獲利的投資腦，又該怎麼思考才好呢？

如果你問我：「買的時候確實不能急躁，那到底什麼時候、怎麼買才能賺錢到呢？」我會回答：「盡可能買在低點。」

聽起來很像廢話，買在低點當然比買在高點安全，股價上漲時的獲利空間也比較大。但如果再問我：「哪裡是『盡可能的低點』？」我只能回答：「我也不知道。」

如果是擅長分析線圖的人，或許能從線圖看懂支撐線等所謂的「指標」，當股價跌到那個價位就買進。但我只是一個普通的上班族投資人，恐怕無法像專家那樣分析線圖。**就算看得懂線圖，也沒人能保證股價一定會在支撐線止跌。因為有時候股價會跌破支撐線，一直往下跌。**也就是說，無法正確地判斷「跌到哪裡可以買」。

而且就算鎖定的股票跌到預定買進的價格附近，通常也會產生「好不容易等到現在，應該還有更便宜的價位可以撿」的心情，等待得愈久，反而愈不敢出手。

那麼，到底該怎麼辦才好呢？我剛才雖然說「盡可能買在低點」，但有能力辦到這點的人另當別論，像我們這種二流投資人通常都想得到、但辦不到。**既然如此，只好在價格穩定下來的時候，也就是盤整的時候分批買進。**只要先買一點，就能以當初買進的時機為起點，逐漸建立部位。

以漲跌幅為加碼的基準，慢慢地增加股數，也是一種建立部位的方法。舉例來說，假設最早買進的起點為「800 圓」，也可以每下跌 50 圓，亦即在「750 圓」「700 圓」的價位加碼。如果是這種方法，就能一面降低成本，一面增加股數。

這種手法稱為「分批買賣」，不要一次全部買進，而是分成幾次買進，藉此攤平成本。股價長期下來會依公司獲利落在適合的價位，但短期會上下隨機震盪。如前所述，短期各有50% 的機率上漲或下跌，而且愈是小型股，股價愈可能腰斬，從「此時不買更待何時」的價位繼續下跌是常有的事。但重點來了，誰也不曉得會跌到哪裡。

如果要長期投資，當股價上下波動的時候更應該「分批買賣」，錯開買賣的時機，不只在下跌時，上漲時也是；分批買進可以「攤平」買進價格，也就是取得股價變動幅度的「平均值」。

就算結果沒有一次買進賺的多，但是不幸失敗時，採取這種手法比較不會受重傷，有助於保持平常心面對股價的波動。

「定期定額」分批買賣，
有 99% 的獲利機會！

　　我也曾經採取過短期內一口氣買進股票的投資手法，也曾以為這是再自然不過的事，然而事與願違，於是逐漸改為分批買進，發現這很適合我。

　　分批買賣必須壓抑想買股票的心情，耐心等待買進的時機到來，所以隨時都少不了忍耐。起初會覺得很痛苦，因為必須強忍住「想買」的欲望，說穿了其實違反人類的本能。但是在忍耐的過程中，薪水及年終獎金會變成子彈，增加能用來加碼的資金，因此心態上會變得很從容。

　　這個比喻可能有點不太恰當，戰鬥時要是被敵人切斷補給，就不可能打勝仗。只要確保隨時都能得到來自大後方的支援補給，對士兵們的士氣也有好的影響，提高戰勝的機率。從事股票投資時，保持這種心態上的優勢也很重要。

　　我在實際上分批買進的頻率，大概是一個月一次。舉例來說，假設我預計買進某支個股 300 股，會以 1 月買 100 股、2 月買 100 股、3 月買 100 股……以此類推，分成 3 個月，每次買進 100 股。

　　為什麼要採取這種分批買賣的方法呢？因為研究個股，如果能確定是「成長股」，即使股價在過程中上下震盪，幾年後

應該會成長到符合獲利水準的股價。**要抱著那支股票好幾年，因此就算分成幾個月（或是更長期的時間）買進，也不算太花時間。**

不是像波段交易那種利用股價的漲跌幅買賣以獲取利益的短期交易風格，花點時間慢慢地建立部位，最後應該得獲得長期的股價上漲利潤。從這個角度來看，即使一個月只買一次也很夠了，不用急著在短期內買進。

下面以我實際分批買進的「Hamee（3134）」為例為各位說明。**我想各位已經明白，分批買賣不能一口氣「狠賺」，但是可以避免犯下重大的錯誤。**

話說回來，投資人之所以想在短期內一次買好買滿，無非是認為「股價現在是底部」，認為「如果這裡就是底部，股價就不會再跌了，接下來只會上漲」，才會在這個價格買進。

然而，天曉得哪裡才是行情的低點。如果在不曉得股價會跌到哪裡、跌多久的前提下投資，就不該一次全部買滿。

實際上，大部分的散戶投資人都是一次買進所有預定的股數。如果有財力直接買一張（1000 股），就會一次買下。倘若運氣好，股價上漲當然再好不過，但下跌時因為沒有餘力再買股票，只能任市場宰割。

如果能實踐機動式停損，重新在更便宜的價位買回來的手法當然再理想不過，但不會機動性停損的人，只能任由帳面損

失不斷擴大。這麼一來就只能束手無策地忍受股價下跌，心態上也會受到重創，更重要的是浪費時間。這時要是還有餘力的話，就比較容易先認賠殺出，或者是反過來追加投資。

　　無論研究得再透澈，買進的時機還是免不了太早或太晚，總之無法預測正確的買進時機。**既然如此，還不如多花點時間分批買進，至少可以取得買進期間的「平均值」。**

　　也可以將買進期間拉長到 1 年、甚至 2 年來分批買進，決定好每個月要買進 100 股後就付諸執行。這麼一來，買進價格將靠近買賣期間的「平均值」。換個說法，這種分批買進其實也等於「定期定額」買進個股。

　　其實「定期定額」是一種有極高機率可以獲利的投資手法，稱為「平均成本法」。基本上，如果是持續成長的產業，計算上都有「99% 的機率可以獲利」。這其實是想出「籌措資金的時候，一定要盡量壓低成本」的猶太人發明的投資手法，遵守「平均成本法」的原則定期定額，99% 的人通常都不會賠錢，獲利的機率幾乎可說是有 100%。

　　「不知道什麼時候買才好的東西，只要一直買就行了」，這是數學上也得到證明的法則，很簡單，而且百戰百勝。只有在一個情況下不成立，那就是「持續下跌」的東西，因此篩選個股就顯得格外重要。只要是「業績持續成長」的成長股，定期買進的分批進場是非常有效的手法。

每月一次、定期分批買進，
最適合上班族投資人

當成長股漲到某個程度後，接下來會有很長的一段時間都在盤整。只要持續成長，遲早會勾勒出上升曲線，長期看下來，股價愈墊愈高，但上漲的股票已經反應了成長性，必須經過一段時間的盤整，才能再繼續上漲。盤整的期間從半年到將近2年不等，我分批買賣的原則是利用這段盤整的期間分散買進。

採取這種買賣的風格，有時候還沒買到自己預定的數量，股價就漲上去了。既然要分批買賣，這也是沒辦法的事。毋寧說沒有買夠就漲上去反而好，請不要感到遺憾「沒有全部買到」，反而要樂見其成地看著股價節節高升。

投資成長股時，最好不要太相信自己的實力，在自認無法買在最低點、賣在最高點的前提下擬定投資策略才是最聰明的。具體地分成好幾個月（1年以上）買進，就能成功地抓到這段期間的平均值。

投資成長股蘊藏著可以讓資金翻好幾倍的可能性，但業績還不穩定的時候，股價很容易隨著業績好壞或市場環境產生劇烈的震盪。即使是中長期看下來呈現上升趨勢的個股，在投資的階段還是會上下震盪，不容易掌握投資的時機也是事實。

投資成長股沒有絕對的正確答案，既然沒有，就得盡量降

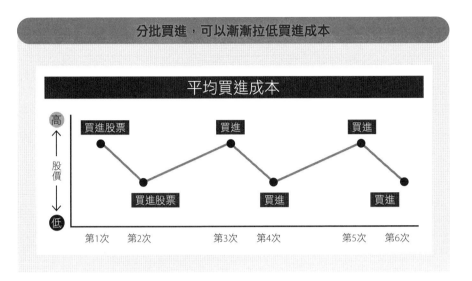

低風險。我們這種上班族投資人屬於二流投資人，即使發現一支千載難逢的好股票，最好也不要一次買進，而是分批進場比較好。**分批買賣不僅能靈活地因應股價變動，也能降低搞錯買進時機的失敗風險。**如果要長期地投資股票，奉勸各位最好保持平常心，分批進場。

股價上漲時，會讓人覺股價好像要一直漲到天邊去；下跌時也讓人覺得好像要一路跌入地心，買的時候都期待股價上漲，因此會在股價上漲的時候跳進去買。投資股票千萬不要急著買賣，「心急吃不了熱豆腐」也是交易的鐵則。

在上升趨勢一口氣買好買滿，等於是讓自己處於相較於其他投資人來說更加不利的狀態，這種情急之下投資的行為，幾

乎都不會有什麼好結果。

分批買賣雖然等同於放棄「完美的交易」，但可以避開買在高點、賣在低點的「糟糕的交易」。比起一夜致富，上班族投資人以這種雖然不起眼，但比較不容易失敗的方法投資，長期下來才能提高存活的機率。

一口氣買好買滿，風險提高非常多！

◆ 分批買進

可以因應股價下跌的狀況（還有資金）→ 藉由加碼來降低成本（平均成本法）→ 有 99% 的機會可以獲利

◆ 一次買進

無力因應股價下跌的狀況（沒有資金）→ 下跌時只能咬緊牙關忍耐（心態受創）→ 被迫停損

結論

藉由分批買進以降低風險，以游刃有餘的心態靜待股價上漲。

與其「買在低點」，不如定期分批買進

　　盡可能用便宜的價格買進想要的股票，說得更直接了當一點，「買在最低點」是所有投資人的夢想。但要買在真正的底部是非常困難的一件事。沒有人知道股價會跌到哪裡，期望每次都能買在底部根本是癡人說夢。連專家都辦不到了，更何況是我們這種一般投資人。

　　可以逢低買進時，通常都沒有好消息。整個股市瀰漫著低氣壓，「行情還會繼續往下走」、「不知道要跌到什麼時候」的狀況時，股價都很便宜。**未來的經濟情勢一片大好、個股的業績也很亮眼的話，市場就不可能低迷地讓你買到合理或便宜的股票。**

　　大部分的情況是人都只想在股市大好、個股上漲的時候買股票。抱著「現在不買是不是就買不到了」的心情，心急如焚

地飛蛾撲火。這時買進的股票，不久後幾乎無一倖免地下跌，讓人悔不當初「完蛋了，買早了」。我也有過類似的經驗，一般投資人很容易陷入這種典型的失敗輪迴。

我在書中反覆強調，用冷靜的投資腦來思考的話，就會明白「行情愈差的時候，反而是買進的好機會」、「行情愈好的時候愈容易馬失前蹄」。

話雖如此，如果行情太差的話，雖然是買進的好機會，但也沒有人知道股價會跌到哪裡。尤其是小型成長股，從高點跌下來腰斬的悲劇其實很常見。

最重要的是，下跌時絕不能心慌意亂地賣掉，特別是成長股。只要持有那支個股的前提條件（業績等等）還在，就不必慌張地想出清攤平，這時反而是加碼的好機會。倘若因為下跌而大受打擊，表示還沒有練就投資贏家的心理素質。

不過，假如投資經驗尚淺，因為股價下跌而受到打擊是人之常情。只要繼續累積經驗，鍛鍊投資腦，面對股價的上下變動，就能泰山崩於前而面不改色地繼續投資了。

事先擬定分批買進的方案

那麼具體而言，到底該怎麼做才能培養股價下跌也不會受到打擊的投資腦呢？前文已經說明過，採取分散時間點買進的

188

「分散投資（分批買賣）」，就算買進的個股下跌也不怕。

其次重要的是購買前要事先規劃「買賣方案」。

話雖如此，倒也不需要艱深的技術指標，大可放心。我們的投資法是鎖定 2 倍股、3 倍股的投資法，第一次買進時也不用錙銖必較地計算到以 1 圓為單位。先用走勢圖檢查股價截至目前的變動率，再看那支個股的本益比變化範圍，只要在差不多的範圍內買進來，先試水溫即可。

這裡有一點很重要，那就是買進來試水溫時，要先擬定「往下買的目標值」，以因應買進後的股價下跌。如果買進後運氣好，股價一路上漲，再也沒有比這個更好的事了，但假如買進後股價上漲的機率與下跌的機率各占 50%，就必須事先考慮到股價下跌的狀況，擬定分散投資的方案，事先想好要從哪個價位往下買。

以我過去持有（現在只剩下 100 股），以前也在講座上提出來討論的「SILVER LIFE（9262）」這支股票為例，上市時的股價約為 1000 圓左右，後來股價在 2000 ～ 3000 圓之間盤整，我在講座上推薦時跌到 1600 圓左右，這時從下一季的獲利水準回推的本益比還不到 30 倍，只有 28 倍。考慮過去的成長性一直受到好評，都在 60 倍上下移動，我認為 28 倍很便宜，非常值得買進。

然而，即使是便宜的潛力股，也不能一口氣買好買滿。起

初試水溫買在 1600 圓上下也沒關係（要是野心再大一點，可以鎖定 1500 圓上下），只要拉長時間的距離，從 1250 圓、1000 圓、不到 1000 圓……往下買即可。這時要花多少錢往下買，只要根據自身的財力程度判斷即可。

如果有比較多的閒置資金，也可以只隔一段時間，直接從 1500 圓繼續買進，也可以擬定從 1400 圓、1300 圓……每跌 100 圓就買進的方案。

但不管怎麼做，最好事先預測一下下跌的程度。以 SILVER LIFE 為例，在往下買的時候請做好「跌到上市時的股價，亦即 1000 圓左右也不奇怪」的心理準備。

重點在於事先擬定方案，誰也不曉得買進後會跌到哪裡，而且股價變動從來都不按牌理出牌。

只要買之前就做好股價下跌的心理準備，就能游刃有餘地應對。為了下跌時能莫急、莫慌、莫害怕，不妨事先擬定好買進方案。

定期分批買入，可以有效掌握股價動向

投資股票免不了「攤平」，這是指「攤成平均值」的意思，當股價下跌，可以往下買（加碼），藉此降低平均買進價格。

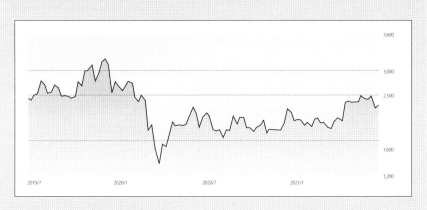

經評估後確實有成長空間的小型股，分批買進「SILVER LIFE」

SILVER LIFE 推出以「送餐給老年人」的服務，在逐漸走向高齡化的時代中，被視為確實有其需求，業績可望持續成長的小型成長股。在講座上介紹的時候，股價為 1600 圓左右。如今距離 1600 圓漲了約 1000 圓，但過程中不斷地上下震盪。事先做好股價一定會上下波動的心理準備，有計畫地攤平（分批買賣），就算買進後股價下跌，也能冷靜地面對。

　　不過，雖然都叫「攤平」，但其實「攤平」有兩種。一種是「有計畫的攤平」，另一種是「賭輸贏的攤平」，這兩者差在哪裡呢？就是差在我反覆強調的一點，「有沒有事先想好股價會下跌」。

　　股價無時無刻不隨著外部環境及投資環境而動盪不安，即使公司的企業價值都沒變，比較高點與低點，經常會差到 2 倍左右。假設高點為 2000 圓、低點為 1000 圓，高點與低點差了

快 2 倍。

事先想好股價的變動，利用股價的漲跌幅往下買，即為「有計畫的攤平（分批買進）」。上一節那種往下買的手法，屬於有計畫的攤平中「決定好漲跌幅的分批買賣」。

不受股價影響，重點在確保加碼的資金

我還想建議各位，不只要設定往下買的價位，還要拉開加碼的時機間隔，分散風險。

舉例來說，假設某一支個股的股價現在是 1500 圓左右，不妨先以 1500 圓的價位買進來試水溫。只不過，買進時要預設「即使股價下跌到 1000 圓左右也不奇怪」，然後手邊預留資金。

接著在 1 個月後以 1250 圓買進，過程中即使跌到 1100 圓左右也不要賣掉，隔段時間、約 1 個月後再買。等到 1 個月後，假設跌到 1000 圓的價位買進，等於分成 3 次分散投資。

要買幾次視資金而定，不要一次投入所有的資金，要多分幾次；也不要只看價格，而是以「隔開買進期間」的方式分散投資。即使過程中創新低，如果距離上次買進的時間還不久也不能買，要靜觀其變。即使最後沒買在最低點也無妨；即使股價再度上漲，加碼在稍微貴一點的價位也無妨——在這樣的想法下投資。

像這樣拉長時間來分散投資，比起只看價格「因為便宜就買」，過一段時間再來看，更能掌握股價的動向。

另一方面，賭輸贏的攤平是先買 1500 圓，3 天後跌到 1400 圓的時候再買，1 個月後跌到 1300 圓再買……。這麼一來，可能會不小心花光預計投入的資金。

即使像剛才說的那樣分成 3 次購買，也因為沒有事先想好底部（1000 圓左右），才跌到 1300 圓左右就沒有錢再往下買。如果能先停損，等跌到更低的價位再買回來就算了，但是包含我在內，二流的上班族投資人通常使不出這麼高深的技巧。

萬一股價還在高檔，就用完所有的資金攤平，接下來只能雙手合十祈禱，等待股價起死回生，陷入最糟糕的狀態。投資的時候，這種「束手無策的狀態」會讓心態落入最糟糕的境地。

拉長分批買入時間，以免「一口氣攤平」

股票術語稱買進的股票為「倉」（尤其信用交易會用「建倉」形容初次買進持有的部位），建立部位時，如果一倉接一倉買進其實不太好，拉長買進的時間，以免一下子就爆倉。

不只投資股票，外匯也是如此，以為馬上就能賺到錢，沒想到賠了一屁股。「投資」真不可思議，「想賺錢」的心情愈

強烈，反而愈賺不到錢，可能是因為太貪心了，反而失去冷靜而犯錯。投資股票也是，如果想立刻賺到錢而在短期間內買好買滿，通常會賠得很慘。

股價短期會隨機波動，無法預測，正因為如此，才要花上一定的漲跌幅與時間投資。如果想馬上賺到錢，可能會毫無根據地認為自己手中的持股「馬上就能上漲」而投入所有的資金，股價一旦下跌，就會面臨意料之外的損失。

人很容易陷入股價一跌就攤平的「賭輸贏的攤平」，如同前面的說明，攤平本身可以分散投資，所以不是壞事，但投資績效欠佳的人通常攤平的速度都太快了。請不要著急，花點時間，好好規劃投資內容。

結果就算沒買到也沒關係，我們很容易只看到上漲的例子，但其實沒有上漲的情況也不勝枚舉。股票市場多的是股價下跌、無限盤整的例子。

投資股票最重要的莫過於不要賠錢，因此事先「留一手」就顯得很重要了。

「有計畫的攤平」與「賭輸贏的攤平」

◆ 有計畫的攤平（分批買賣）

事先想好股價會下跌 → 決定好漲跌幅，也要適度隔開買進的時機 → 可以在加碼的同時降低成本

◆ 賭輸贏的攤平（無計畫的買賣）

沒有事先想好股價會下跌 → 也沒有決定好漲跌幅，隨便攤平（一口氣攤平）→ 沒有資金可以加碼，無計可施

只要事先擬定分批買進的計畫，就能養成即使股價下跌也不會受到打擊的投資人心態。

學會接受停損，
是打造獲利心態的關鍵

接下來才要開始投資的人另當別論，已經開始投資入股市的人，現在手上大概都持有幾支股票呢？

3支、5支、10支或更多，因人而異，而且每個人的資金量大概也不同，其中或許也有人只鎖定1支個股，集中投資。

本書的建議是分開投資好幾支股票的「分散投資」，當然，鎖定1支個股，集中資金投資的話，股價上漲時的獲利也更多。然而包括我在內的上班族兼二流投資人，比起投資的專家來說，技術簡直是小巫見大巫，可以取得的資訊比較少，分析能力比較差，而且可以花在投資上的時間也比較少，幾乎不可能只鎖定1支個股。

就算沒有只鎖定1支個股，即使是抱著絕對自信買進的個股，看走眼的情況也屢見不鮮。就連專家都不見得能百戰百

勝，像我們這種上班族投資人就更不可能辦到了，即便再有信心，建議都不要「孤注一擲」。

分散投資幾支股票的話，即使有1支股票看走眼，只要其他股票上漲，就能獲利。從整體的角度來看，可以提高獲利的機率。

只不過，雖然要分散，但是如果持有幾十支股票，結果就跟指數投資一樣，因為個股太分散太平均，無法獲得太大的利益。話說回來，持有幾十支股票實在太多了，可能會管理不來，結果對每支個股的關注都流於表面。

如果要持有那麼多個股，直接投資指數還比較輕鬆。投資個股是為了追求比指數投資更理想的績效，還是必須把個股控制在一定的數量範圍內。

從這個角度來說，如果是投資經驗尚淺的新手，建議投資組合最多分散到 10 支個股就好。

做好獲利負數的準備，
但不能習慣「帳面虧損」

即使選定的都是潛力股，以大約 10 支股票組成投資組合，也不是 10 支股票都會上漲。既然要投資個股，難免會買到賠錢的，要是能百發百中就好了……可惜投資股票沒這麼好的事。

尤其是上市沒多久，還在成長中的個股，抽到鬼牌的可能性更高。像是會計處理得不恰當，被會計師指出來，必須修正財報、或是業績預測得太樂觀，結果不得不向下修正等，都是常有的事。

股價波動是常態，得注意公司狀況是否有變化

投資小型成長股就是要考慮到上述的風險，仍然要瞄準巨大的獲利，但萬一買到看走眼的股票，賠錢是很正常的事，重點在於這種時候要怎麼因應。

如果尚未投入太多的資金（股數還不多），就這樣續抱（套牢）也沒關係。只要將來的成長性沒變，股價有可能因為某個契機而再度上漲。

但如果該個股的狀況已經不同於當初的預期，**此時就絕不能攤平**。套牢還好，要是繼續攤平的話，本來應該把資金用於買進更有希望的個股，卻因為資金套在這裡而降低獲利的可能性。**與其加碼沒希望的個股，不如將資金用來加碼手中的潛力股或買進新的個股。**

另外，抱著看不見上漲希望的帳面虧損，對心態也是很大的考驗。打開自己的證券戶頭，全都是虧損的話，投資股票這件事就會變得很不開心。

尤有甚者，如果將帳面虧損視為理所當然，對投資腦也會

產生不好的影響。**一旦習慣帳面虧損,「就算賠錢也不痛不癢」的心情就會在腦中的深處紮根**,有機會漲回來的帳面損失就算了,如果不是的話就很危險。

　　投資股票不是賺錢就是賠錢,因此絕不能養成「賠錢的習慣」。賠錢本身實屬無奈,但如果認為「賠錢也是沒辦法的事」,可以賺錢的機會也賺不到錢了。這種心態是投資人最不該有的。

　　各位的證券戶頭還好嗎?是否都是帳面虧損呢?

　　如果是有計畫的分批買進攤平,屬於預料範圍內的虧損還好,但如果跟事前的規劃不一樣,屬於意料之外的虧損,那問題可就大了。

克服「想把損失賺回來」的人性本能

　　話雖如此,抱著帳面虧損不願停損,從某個角度來說也是遵循人類本能的結果。因為人類的本能是會先進行獲利了結這種伴隨著快感的行為,對於會帶來痛苦的「停損」行為則一拖再拖。也就是說,**一旦遵循人類的本能投資,投資組合就會有很多帳面虧損。**

　　我剛開始投資股票的前幾年,也一直處於這種狀態。持股稍微上漲就急著停利,出現帳面虧損的個股則放著不管,甚至會拿獲利了結的資金加碼還在下跌,已有帳面虧損的個股。

股價的波動有其趨勢，具有比自己想像中更堅定地往某一個方向走的習性。換言之，加碼還在下跌、已經有帳面虧損的個股，股價很可能會繼續下跌，擴大損失。

　　想當然耳，如果是有計畫的攤平就沒有這個問題，但幾乎絕大部分的情況都是一時頭昏腦熱，抱著「一定要把損失賺回來」的心情攤平，所以通常都不可能成功。

　　沒有投資方案、只是感情用事地投資，帳面損失很快就會繼續擴大，當股價繼續下跌，就會對這支股票死心，乖乖地住進套房裡；如果出現利多消息、導致股價彈回買進的價位附近，則會以「好不容易解套」的心態賣掉，在根本沒賺到幾個錢，或是還有些虧損的情況下結束這一回合。這就是典型的賠錢腦投資模式，過去我也曾經深陷其中。

　　那麼，到底該怎麼做，才能逃離這種抱著帳面虧損不放的惡性循環呢？

　　方法是留下賺錢的個股，先賣掉虧損的個股，亦即所謂的「停損」。**停損是一種承認自己判斷錯誤的行為，而且資產會真的減損，所以也是人類盡可能想避開的行為。**但如果不能勇敢地停損，投資股票就賺不到錢。

「停損的重點」依投資風格而異

有人認為要停損的時候，重點在於「停損點」要怎麼設定；也有人說投資股票「聰明地停損，是投資時笑到最後的祕訣」，**但在實務上，停損點是依投資人而異，沒有一個絕對的標準答案。**

停損點依投資風格而有所不同，以指數投資為例，屬於採用長期的平均成本法累積部位、增加利益的投資風格，因此不太會採用停損這種投資手法。

如果是投資個股，由於是與指數投資不同的投資風格，因此包括停損在內，必須擬定投資策略。

尤其是當沖等短期投資的投資風格，更需要包括停損在內的機動性投資策略。必須事先決定好「要在哪個點位買進、在哪裡賣出？又或者是發生虧損的時候該怎麼解套？」並依自己規劃的劇本買賣，否則將無法在市場上存活下來。

即使是 1 週左右的波段交易，也同樣要決定「要在哪個時間點買進？在哪個價位賣出？」否則會不溫不火地錯失停損的時機，結果放著不管住進套房的情況也屢見不鮮。

無論如何，如果是短期投資，一旦來到事先設定好的停損價位，一定要乾脆地賣出撤退。

即使是我也實踐的中長期投資，重視技術要素的投資人多

半會依據線圖決定停損點。如果是擅長分析線圖的投資人，可能會根據自己發明的指標「當股價跌破平均線就賣出」或「創波段新高後又跌2成的話就賣掉」等等，以做為賣出時的參考。但這些都不能稱之為正確解答，因為賣掉後又重新上漲的股票也不是沒有。話說回來，包括我在內的各位二流投資人，大概都不具備能那麼有自信地看著線圖、果斷判別買賣時機的投資能力吧？

就拿我來說好了，**會從持股中有虧損的個股、持續盤整的個股中，按照「看不見未來發展」的個股依序賣掉**，但停損的點位和時機都比一般投資人慢。這種方式是我自己的停損風格，和其他中長期的投資者有所不同。

讓上漲個股的獲利最大化

即使挖掘出長期下來再有潛力的個股，也不見得每一支股票都會漲；即使都選擇同一支個股，還是有人賺大錢，也有人賺小錢，有人甚至連小錢都賺不到，反而賠得慘兮兮，這是為什麼呢？

能靠投資賺大錢的人，敢於停損下跌的個股，讓上漲個股的獲利最大化。只要是成長股，直接翻倍的個股所在多有，其中也出現過10倍雪球股。只要買到這種個股，就算停損掉部

分有帳面虧損的個股，還是能賺到很多錢。

假設花 100 萬圓買進 2 支個股，其中一支漲了 2 倍，另一支腰斬。感覺機率都一樣（2 倍與 2 分之 1），但實際上是「100 萬圓 ×2 ＝ 200 萬圓」和「100 萬圓 ×1/2 ＝ 50 萬圓」，相較於「100 萬圓」的獲利，損失為「50 萬圓」，獲利足足多了 50 萬。這麼思考下來，**即使停損有帳面虧損的個股，只要其他個股還有獲利，就能損益兩平，甚至獲利。**

畢竟我們都不是專業投資人，只是由上班族兼差的二流投資人，所以會抓住股價不漲的個股不放也是人之常情。

不要以為每支股票都會漲，再說了，要是能精準地選中一定會上漲的個股，只要集中火力投資這些潛力股就行了。然而，**為了降低風險、分散投資，打從一開始就不該指望每支股票都會漲。**

部分王牌個股的股價顯著上漲，拉高整體的投資報酬率是投資成長股的特徵。但即使是滿足成長股的條件，吸引人投資的個股，也分成上漲的個股與不會漲的個股。如果是不會漲的個股，請老實地認錯，換成上漲的個股，這麼一來心情也比較爽快。

這種方法的優點在於即使不看走勢圖、不做深入的分析也能停損。只要個股出現帳面虧損，就自動自發地停損，換成正在上漲的個股。讓上漲個股的獲利最大化，同時砍掉不會漲的

個股，藉此改善投資組合。

　　各位的投資組合長什麼樣子呢？請定期審視自己的投資組合，如果賺錢的個股比較多，表示採取了正確的成長股投資法。

　　請有意識地讓投資組合隨時都維持在大部分皆為獲利的狀態，不要用「投資有賺有賠」的思維習慣帳面虧損，這是從賠錢腦轉換成獲利思維的關鍵。

最強上班族散戶的投資組合

個股	持有股數	取得成本	現值	帳面損益
檜家集團（1413）	300	1,375	2,566	355,500
Azia（2352）	200	857	2,130	254,600
價格 .com（2371）	500	1,696	3,410	857,000
TEMAIRAZU（2477）	800	4,988	6,420	1145,600
NEXT FUNDS 外國 REIT 無避險（2515）	1,700	902	1,158	435,200
PICKLES CORPORATION（2925）	100	2,150	3,230	108,000
MonotaRO（3064）	600	1,942	2,575	379,800
Hamee（3134）	2,800	1,107	1,681	1607,200
Gremz（3150）	3,000	1,036	1,812	2328,000
HotLand（3196）	100	1,135	1,408	27,300
GA TECH（3491）	1,000	2,857	2,023	△834,000
Enigmo（3665）	800	1,242	1,423	144,800
SHIFT（3697）	100	1,155	16,830	1567,500
RAKUS（3923）	2,800	912	2,261	3777,200
IR Japan HD（6035）	200	296	13,830	2706,800
Shin Maint HD（6086）	3,300	509	978	1547,700
OPTORUN（6235）	600	2,632	2,536	△57,600
野村微科學（6254）	500	686	3,850	1582,000
技研製作所（6289）	600	4,216	4,555	203,400
雷泰光電（6920）	100	8,835	20,630	1179,500
GMOFHD（7177）	2,000	587	848	522,000
EGuarantee（8771）	800	1,568	2,260	553,600
Starts Proceed（8979）	1	161,133	243,800	82,667
SILVER LIFE（9262）	100	2,045	2,419	37,400
日本 BS 放送（9414）	100	977	1,111	13,400
NEXT FUNDS 外國 REIT 無避險（2515）☆	250	960	1,158	49,500
Hamee（3134）☆	500	587	1,681	54,700
SHIFT（3697）☆	300	4,970	16,830	3558,000
RAKUS（3923）☆	1,200	205	2,265	2472,000

觀察投資組合，不難看出絕大部分都是賺錢的個股。除了「GA TECH」與「OPTORUN」為負報酬外，全都是對將來性有期待而續抱的成長股。重點在於如果不是「成長股」，就得踢出投資組合（賣掉），讓正報酬的個股獲利最大化是賺大錢的重點。投資組合就有「RAKUS」「SHIFT」「Gremz」「IR Japan HD」這幾支「王牌個股」。可見牢牢地抱住成長股，就能讓獲利最大化。

能獲利的高手，
看到個股起漲時都怎麼做？

　　投資股票時經常可以聽到一句話，「賣出的時機比買進時機難掌握」。的確，只要想買、只要有錢，隨時都可以買，但真心要賣的時候，賣出的時機非常難抓。

　　如果有獲利，會產生「在這裡賣掉，如果後面漲更多怎麼辦」的欲望；如果有帳面虧損，則會因為「再這樣跌下去實在受不了，但是在這裡賣掉，以後如果漲回來一定後悔莫及」而無法痛下決心。又或者是股價始終在某個區間橫向盤整，不動如山，因為沉不住氣，果斷賣出後，股價就開始上漲……也會發生這種令人欲哭無淚的狀況。

　　但不管怎麼說，判斷賣出的時機真的非常困難。雖然最後還是要靠自己判斷賣出的時機，但想必任何人都有過賣掉以後才開始後悔，「早知道就不要賣掉」的經驗。

那麼，為了不要後悔，到底什麼時候賣出比較好？有沒有最佳的時間點？

老實說，這個問題我也答不上來，因為買進的價格、當事人的資金狀況、個股的特性、市場環境……等，各式各樣的要素盤根錯節。

結果還是只能選擇「在自己能接受的時間點賣掉」，如果以投資成長股為大前提判斷賣出的時機，就應該考慮到「那家公司本身有沒有出問題」，以此作為判斷的根據。

以前面提到的 TATERU 或 RIZAP 集團的失敗教訓為例，**如果發生「經營上出問題」或「成長性前景不明」之類的問題，不再符合「成長股」的概念，就應該賣掉那支股票。**但如果當初的預期「這支是成長股」沒變，就應該耐著性子繼續持有。

想當然耳，當股價漲翻天的時候，要決定賣掉一部分持股也需要勇氣。然而還是不要錯過好不容易可以獲利了結的機會比較好。

根據我的經驗法則，這時最好不要全部賣掉。行情是後照鏡，所以沒有人會知道哪裡是天花板，你以為賣在「天花板」，但股價繼續推升的情況也屢見不鮮。

先賣掉一部分、至少先落袋為安，可以讓心情變得比較輕鬆，先滿足「不希望獲利縮水（比現在少）」或「不再蒙受損失（比現在多）」的心理欲求。但是這麼一來就無法取得更多

的獲利。就像「盡可能永遠待在市場裡」這句話的寓意，耐著性子續抱，是投資成長股的必要心法。

好不容易上漲的成長股，
別怕它「漲不動」

基本上，股票投資人傾向於動不動就獲利了結。花 100 圓買進的股票，漲到 105 圓、110 圓就想馬上賣掉，落袋為安，這種投資行為真的很可惜。即使是只要能乖乖地續抱就能漲到 200 圓的股票，如果在大漲前就賣掉，不管賣掉後漲到多少錢，還是跟「只漲到 110 圓」沒兩樣。

最常出現的狀況是從漲勢最凌厲的個股開始賣。如果漲得太兇，人反而會變得膽小，擔心「漲勢差不多到頂了吧，會不會開始下跌啊」或是「要在利益減損前賣掉」，忍不住賣出股票，這種被恐懼侵蝕的心態本身就有問題。

反過來說，如果要賣，從漲不動的個股開始賣比較好。

為何不要賣掉還在漲的個股呢？因為還在漲的個股具備了不畏賣出壓力的上漲題材，如果是創新高的個股，表示已經持有那支個股的人接下來都不會賠錢，所以賣壓一旦減輕，股價很可能再創新高。

投資股票只有在行情大好的時候持有部位（持有那支個

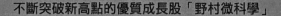

不斷突破新高點的優質成長股「野村微科學」

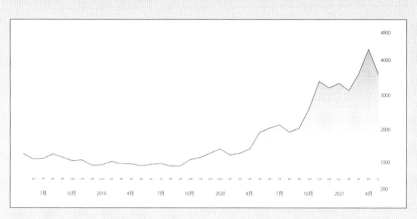

野村微科學的股票在超過 4000 圓的地方創下新高，然後開始進入修正，跌到 3000 圓左右，2021 年 3 月的下半個月又因為半導體的需求激增，隨著半導體概念股上漲而開始上漲。看得出來是在突破前一波的高點創新高後，再次表現出強而有力的上漲力道。

股）的人才能賺大錢，而這段時間非常短暫。假設股票市場的交易時間為 10，這段時間只占了「1」左右……不對，可能連 1 都不到。其餘的時間都處於不溫不火的橫盤狀態，只能望眼欲穿地等待上漲的時機。

　　如同我前面告訴大家的「投資股票要忍耐」，**比起令人心滿意足的上漲期間，咬緊牙關忍耐的時間絕對比較漫長。**既然如此，好不容易盼到潛力股上漲，卻在只漲到一半的時候就賣掉，實在太可惜了，等於主動放棄賺大錢的機會。

請容我再重複一遍，從長期角度出發的成長股投資，是耐著性子抱住具有成長性的潛力股以擴大資產的投資風格。當機會來臨時，請千萬不要放過，務必牢牢地抓住。

　　鎖定的個股開始上漲，意味著市場開始注意到那支股票的魅力。都已經耐著性子抱到這個時候了，千萬不要馬上賣掉，反而要牢牢地抱住，才能確實得到更高的獲利。

一直換股操作，
是「投資魯蛇」的特徵

　　如果要我列舉投資股票失利的人有什麼特徵，「沒有一套自己的投資風格」無疑是其中之一。所有的個股一起上漲，只要持有股票，任誰都能賺到錢的榮景久久才會出現一次；通常是各式各樣的個股及題材股輪流受到市場的青睞。即使有好幾支業績展望一樣亮眼的好股票，依照當時的市場狀況，可以買的標的也不一樣。

　　最常看到的操作手法是手中的持股一上漲，就馬上賣掉，再物色別的個股買進。股票市場確實如前所述，會發生「輪動」的現象，所以不是同時一起上漲，而是這支先漲、那支再漲……資金在市場流動，股價輪番上漲。

　　話雖如此，即使賣掉先漲的個股，買進下一支股票，也不

見得每次運氣都能那麼好，每次都買到會漲的個股。通常投資
10 支股票，只有 1 支或 2 支股票會大漲，說白了只有 1、2 成
左右，要連續猜中這個機率可以說是比登天還難。最好不要立
刻賣掉上漲的個股，盡量讓獲利最大化，要賣的話請從漲不動
的個股開始賣。

　　**不用緊張，只要是具有成長動能的個股，遲早一定能回收
資金。**我能理解想追求飆股的心情，想盡量快點看到獲利是人
類的天性，所以想撲向正在上漲的個股也是人之常情。

　　如果能順利搭上順風車還好，但絕大多數的情況是股價上
漲沒多久就會進入多空交戰的箱形整理，所以股價會在買進的
價格區間上下波動，一下子出現帳面虧損，一下子出現未實現
獲利，令人心裡七上八下。如果撐不過這種膠著的狀況，就會
忍不住換股操作。如此一來，無論經過再久都無法得到龐大的
獲利。

　　不斷採取這種投資心態游移不定的交易是「賠錢投資人」
的特徵，無論前景再怎麼看好的個股，股價也不可能落在一條
直線上。有時候可能是剛好買在業績突然成長或趕上流行（有
話題）的時候，股價在短期內一飛沖天，但絕不能以為這會是
一種常態。

　　明知不可為而為之也只是一場徒勞，持有業績穩定成長的
成長股，不知不覺抱到股價變成 2 倍、3 倍，才是最適合上班族

投資人的投資風格。保持這樣的投資風格，把漲到 3 倍、4 倍的個股留在投資組合裡，就能在游刃有餘的心態下輕鬆地投資。

搭上話題順風車的飆股，
分批往上賣

剛才提到過，「有時候可能是剛好買在業績突然成長或趕上流行（有話題）的時候，股價在短期內一飛沖天」，當熱門的「話題股」一旦受到市場的青睞，股價很容易直線上漲。

遇到這種情況要特別注意，一旦擁有這種話題股，很容易覺得「股價會一路漲到天上去」，但這完全是錯覺，因為有些話題股是得到短期投機人挹注的大量資金，促使股價漲到與其實力不匹配的價格以上。

一旦產生「股價好像會永無止境地漲上去」的錯覺，請立刻敲響腦子裡的警鐘：**沒有一支股票會永無止境地漲上去。**

當潮水退去，因為短期的利多消息而飆漲的個股就會打回原形，從高點一路下滑到腰斬的狀況也不是什麼稀奇的事。即使是著眼於中長期的成長股，在這種上漲局面出現時，最好還是賣掉比較好。

我建議這時千萬不要一次出清持股，而是邊看狀況，邊分批賣掉，也就是採取所謂「往上賣」的手法，先賣掉一部分，

讓獲利落袋為安，等待下次可以賣在更高價位的機會。就算股價停止上漲，開始下跌，因為已經部分獲利了結，接下來隨時都可以賣掉。

處於這種「確定獲利」的狀態很重要，這麼一來心態比較沉著，可以保持冷靜的投資腦。

下面以我的持股「Hamee（3134）」為例為大家說明。

2016 年 7 月，因為與當時掀起熱烈討論的「寶可夢 GO」有關，手機電池的需求水漲船高，Hamee 因為也是「手機概念股」，趕上話題，股價一飛沖天。Hamee 的股價在這之前也大漲過，那是反應獲利水準大幅攀升的上漲，從某個角度來說算是「有理由的上漲」。

但是在寶可夢 GO 流行時的飆漲顯然是過熱反應，完全是搭上潮流順風車的暫時性上漲，所以漲得有點莫名其妙。結果在寶可夢 GO 上市前來到高點，然後股價就從高點一路下滑，跌到只剩原來的一半。

雖然在那之後，股價再次止跌回升，突破因為寶可夢 GO 急漲時創下的高點，但這只是結果論，當時應該賣掉一部分，先獲利了結再說。

這支個股明顯是受到市場吹捧，愈是小型股，股價波動愈劇烈。

要是突然開始莫名其妙地飆漲，請思考那個利多題材的保

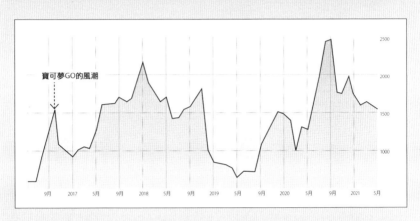

過熱的話題股「Hamee」，風潮過後股價快速下跌

2016年7月，寶可夢GO上市，掀起熱潮，身為概念股的Hamee也跟著飆漲。原本不到 1000 圓的股價一口氣漲到 1500 圓以上。可是當利多出盡後，再次跌回 1000 圓以下。像這樣搭上話題的順風車，造成股價暫時性飆漲並非「有理由的上漲」，因此過熱的股價多半會再跌回原本的價位。

存期限，一點一點分批賣掉，絕大部分的情況是後來都能以比較便宜的價格再買回來。以 Hamee 為例，倘若對該企業的成長動能有信心，可以在搭上順風車飆漲的時候先出一趟，等到題材股的風頭過去，再慢慢地買回來。

　　這是與時間站在同一邊的中長期投資可以採取的交易手法之一。

COLUMN

盡可能讓持股的獲利最大化

◆ **投資魯蛇的特徵…沒有一套自己的投資風格**

一再追高正在上漲的個股 → 不斷重複買進又停損
的過程

投資心態游移不定的操作

◆ **投資贏家的特徵…擁有一套自己的投資風格**

讓持股的獲利最大化 → 以中長期持有讓股價漲到
2 ～ 3 倍

投資心態游刃有餘的操作

不要立刻賣掉上漲的個股，謹慎地讓獲利最大
化，如果要賣的話，請從漲不動的個股開始賣。

以長期持有，
養大「10 倍雪球股」

在股票的世界裡，最成功的例子莫過於買到「10 倍雪球股」，但即使是很有潛力的成長股，並且下定決心要「長期投資」，買進後要長期持有一支股票其實沒有想像中容易。

因為股價不是某天早上起床就能突然變成 2 倍或 3 倍，而是以「1.1 倍→ 1.2 倍→ 1.3 倍……→ 2 倍……」的過程龜速上漲。

在上漲的過程中，要隨時抵抗「想獲利了結」的欲望，要忍住不賣，繼續持有，好讓獲利最大化其實很不容易。終於撐到原本動也不動的股價漲成 2 倍，想賣掉也是人之常情。

在這個時間點要忍住不賣，身為投資人的心態必須十分強大才行。因為「想快點落袋為安」和「不想面對損失，能拖多久是多久」乃人類的天性。

　　當然，如果有獲利，無論在哪個價位賣掉都能賺到錢，但是賣掉以後眼看著股價不斷上漲，一定會很煎熬。明明好不容易獲利，卻怎麼有一種賠錢的感覺？請盡可能讓獲利最大化、盡可能讓機會結出最豐碩的果實。

　　那麼，究竟該怎麼做才好呢？

　　接下來我想為各位說明，為了讓獲利最大化，投資人需要具備的心態，以及該怎麼讓獲利最大化。

好不容易漲到 2 倍，
想賣掉停利很正常！

　　在股票上漲的過程中，除了 TOB（公開收購）這種特殊的情況以外，股價不可能一直線上漲。正常的股價會週而復始地上下波動，緩慢上升。不管是哪一種成長股，只要觀察走勢圖，一定能看出上上下下的波動。

　　下面以 M3（2413）為例為各位說明。

　　該公司於 2003 年在東證 Mothers 上市，之後也順利地拓展事業領域，擴大業績，成為不只日本國內，連世界各地的醫生都採用的醫療平台。如今甚至號稱如果沒有 M3，從事醫療的人就很難跳槽，也很難得到需要的資訊。

　　M3 目前已經建立起全球化大型創投公司的地位，股價也

一直落在 7000 圓（2021 年 6 月中旬）的高檔，但股價也不是從頭到尾都保持向上爬升。

自 2003 年上市以來，到 2011 ～ 12 年之間，股價將近 10 年的時間幾乎都在橫向盤整，看得出來比 2013 年以後的股價波動要來得平穩許多。

M3 的股價從 2013 年起漲，然後上漲速度逐漸加快，自 2019 年一口氣漲得又快又急，幾乎呈直線拉升。話雖如此，這是用後照鏡看走勢圖，投資人在上漲的過程中，是無法預測到這一點的。

我也不例外，因為看到股價過去有好幾次都在大同小異的區間整理，自然想賣在區間的高點，等到落回區間低點再買回來。股價乍看之下沒什麼動靜，然而只看某段期間的話，還是能看出股價在當時的價格區間內不斷地上下震盪。**而且過去始終橫向整理的股價都漲到 2 倍了，是人都想賣掉吧？**

由此可見，股價漲到 2 倍就想賣是投資人的心理。實際上，我也真的賣掉了，沒想到股價從那一刻開始急速地反應利多，急速地上漲，而且一去不回頭，彷彿是在嘲笑那些已經停利的投資人。

漲成這樣，很難再買回來了。

只知道股價以前在區間內的波動，一旦漲幅超出預測，就再也買不下手了，接下來只能咬牙切齒地眼睜睜看著股價一去

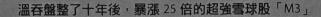

溫吞盤整了十年後，暴漲 25 倍的超強雪球股「M3」

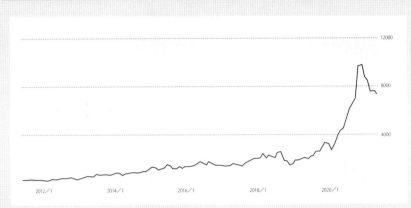

從在東證 Mothers 上市以來將近 10 年的時間，幾乎都處於橫向盤整的股價，自 2013 年開始緩步上漲，從 2019 年開始急速上漲，創下超過 10000 圓的高點。如果是區間操作的波段交易，通常都賺不到突破區間，直線上升的獲利，結果錯過最有賺頭的飆漲波段。

不回頭。

M3 後來凌厲的漲幅，不禁讓人懷疑以前的盤整根本是騙人，在 2021 年 1 月創下 1 萬圓的高點。

「要是當時沒有賣掉，抱到現在……」但是再後悔也於事無補，就算想說服自己「無所謂，反正有賺到錢就好了」也沒辦法，是標準的千金難買早知道。

結果 M3 的股價從 2013 年開始上漲，當時只有 400 圓左右的股價翻了兩翻，居然暴漲成超越 10 倍雪球股的「25 倍雪球股」。

設定「漲到 2 倍時先賣一半」，
以鎖住獲利

即使是看中成長性而買進的成長股，也不是每個人都有耐心可以抱到變飆股，該怎麼做才能牢牢地抓住像 M3 這種飆股呢？

重點在於要考慮到這個前提：「飆股要從頭抱到尾，非常困難！」

為了「長期持有」，得要先理解「長期持有很困難」，聽起來好像有點本末倒置，尤其像我們這種二流的兼職投資人，根本無從分辨「股價會漲到哪裡」或「股價會在哪裡反轉下跌」。

正因為成長股的股價一定會大幅調整（下跌），再怎麼勢如破竹地上漲，也隨時伴隨著「下跌的風險」。當股價上漲，為此感到志得意滿，腦內充滿了快樂嗎啡，認為「大概還會再漲」，這時很有可能股價會突然開始暴跌，轉眼間就跌到買進的價位附近，曾經有過的獲利全部泡湯，這種惡夢一天到晚都在發生。別太得意，投資的時候要隨時記住「下跌的風險」。

那麼要怎麼落實於投資手法呢？

「漲到 2 倍先賣掉一半」，是最普遍的手法。賣掉一半「漲到 2 倍」的股票，手中剩下的持股基本上就都是「零成本」了，

萬一那家企業倒閉，股價歸零，也只是剛好損益兩平，不至於賠錢（可能要倒貼一點手續費）。

而且企業不太可能真的倒閉，所以接下來無論賣在什麼價位都是賺的。「總之先鎖住獲利」，這種「賺到錢」的安全感有助於加強繼續持有那支股票的心態。

當然，比起「一張不賣，奇蹟自來」的操作手法，即使股價後來繼續上漲，獲利也只有原先的一半，但就算沒漲到2倍，在上漲的過程中先鎖定一定金額的獲利還是很重要。

為了不要陷入「唉，早知道那個時候就賣掉了……」的懊悔心情，降低下跌的風險是投資成長股不可或缺的策略，因為不是每支成長股都能像 M3 這樣飆漲好幾倍。

有些長期持有的個股，
有機會漲到「50 倍」

反過來舉個成功的例子，那是我現在也持有的 IR Japan （6035），最早買進這支股票是在 2016 年 2 月，已經持有 5 年以上。

當時是從「便宜的成長股」的角度出發，試著在 296 圓的價位買進 400 股，後來業績持續成長，現在的股價約 15000 圓，漲了 50 倍！

這家公司是以企業的 IR（Investors Relation）與 SR（Shareholders Relation）為對象提供諮詢顧問的公司。起初只是覺得跟我上班的公司及產業很相近而買進，現金股息的殖利率為 3% 左右，買進金額約 12 萬圓左右，因此抱得很輕鬆。

與此同時，因為公司內部的調動，我分配到企業部門，負責處理股票買賣及股東大會的工作。我在這裡了解到一件事，那就是與股東有關的業務琳瑯滿目，持續掌握股東的資料非常重要。

經營一家公司必須遵循股東的意見（至少表面上是），主要的股東有哪些人、持有股票的目的是什麼可能都會影響到經營方針。如果「希望能多配一點股利」、「希望能裁撤掉入不敷出的單位」等聲浪愈大，就愈無法忽略他們的聲音。也發生過被視為合理的判斷，其他股東也贊成的話，股東的提案就能通過的狀況。

在公司經營的過程中，為了盡可能與股東保持良好溝通，隨時掌握大股東身分、留意其持股的變化，也是經營企畫部門很重要的任務。有的股東會直接掛名，但有些是掛信託銀行的名字，乍看之下不曉得真正的股東是何許人也。如果是法人持股，因為稅務的問題，隔了兩層、三層的背後才是股東的情況也屢見不鮮。

因此由 IR Japan 提供的「調查實質股東」的服務，對企業

來說很有幫助，除此之外，該公司也從事 TOB、MBO、發行新股預約權等業務，對中、小型上市公司是很有必要的存在。

具有只要利用過一次上述的服務就知道有多方便，很容易繼續續約。另外，因為主要是以法人為客戶，一次的單價高達數千萬圓，因此營收的成長也很值得期待。建立起一面提供公司的招牌商品，同時也是為了提升知名度的服務，亦即實質股東調查，藉此打開知名度後，再靠經營權爭奪戰、應付積極股東、MBO 等案件賺錢的體制。不屬於任何一家銀行團，屬於獨立的顧問公司也是其優勢之一。

除此之外，還能從與顧客的交流增加商機。大家都認為股票市場今後還會繼續熱絡下去，因此我判斷該公司未來將繼續扮演著重要的角色。

董事長寺下史郎先生是習慣躲躲藏藏的日本 IR 活動的先驅，30 年來都站在 IR 活動的第一線。在為提升日本的公司治理（Corporate Governance）、增加企業價值而成立的經濟產業省「企業價值研究會」裡從成立當時就是委員，直到現在還是。調查過該公司，我確定那是一家「會長期成長的企業」，決定長期投資。

買進後，IR Japan 的股價橫向盤整了好一陣子，然後才開始緩步上漲，我在股價翻倍時先賣掉一半。因為實質的取得單價已經趨近於零，得以抱著輕鬆的心態支持這家公司的發展，

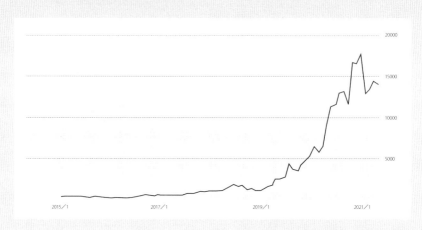

評估後認為會成長的公司「IR Japan」，5 年內漲了 50 倍

IR Japan 豈止是「10 倍雪球股」，幾乎漲了 50 倍。在股價翻倍時先賣掉一半，「零成本」的結果可以讓人以穩定的心態長期持有，是投資成長股的成功案例。

並且長抱至今。

　　我買進的時候，該公司的市值為 50 億圓左右，然後股價一點一滴地爬升，如今已成長為市值高達 2500 億圓的公司。單從股價來看，等於是用 300 圓買進的股票變成 15000 圓，豈止是 10 倍雪球股，幾乎漲了 50 倍！是我的持股中飆漲得最誇張的一支股票。

　　如果是消費者腦，恐怕無法抱這麼久吧！如果我不是鐵了心要做長期交易，應該也會趁股價上漲時火速地賣掉停利。從

長期走勢圖來看，乍看之下似乎持續上漲，但是從短期間看，股價其實還是會上下波動，心情也跟著搖擺不定的情況其實在所多有。

我之所以能持有這麼久，主要也是因為我先賣掉一半，收回資金。

或許也有人這麼想，「如果沒有賣掉一半，不就能多賺一倍嗎？」

確實是這樣沒錯，但是如果沒有先賣掉一半，肯定無法抱到現在。「零成本」的事實會讓心態上產生餘裕，才能以穩定的心態長期持有。

設定停損和停利的標準，是投資贏家的基本功

像 IR Japan 那種成長為 50 倍的飆股久久才出現一次，但如果要投資成長股且長期持有，股價通常會隨該公司的成長產生巨大的變化。一旦遇到這種潛力股，一定要忍住想賣的心情，牢牢地抱緊。

股價起漲時，要同時檢查公司的營收是否繼續增加

只不過，如前所述，投資 RIZAP 集團及 TATERU 也曾經

讓我吃盡苦頭，可見有些股票不適合長期持有，不能因為是成長股，就不管三七二十一地抱著不放。

要以長期持有成長股獲利的話，一定要持續檢查該公司是否維持住「營收持續增加」的基調。

企業的股價最後還是受「公司能賺多少錢」，亦即獲利水準左右。以成長股為例，「業績今後大概也會繼續成長」的期待將推升股價，只要營收持續增加的趨勢保持不變，股價就會持續上漲；只要營收持續增加的基調沒有受到破壞，續抱就能增加獲利。反之，營收持續增加的基調一旦受到破壞，或即使仍保持營收持續增加，但成長率不如當初的預期，股價就會反轉向下。

買進成長企業的股票，進行成長股投資時，最好事先想清楚，**倘若該企業發生什麼變化，導致原本持續上漲的趨勢反轉，股價開始明顯地下跌，就要在下跌到哪個程度的價位時果決地賣掉。**

例如事先設定好「從高點跌落 2 成就賣」之類的停損點，就能避免抱著股價一路下滑的股票，導致虧損擴大（或獲利縮水）。停損也一樣，跌到設定的價格就一定要賣掉，擁有這種防禦的心態也很重要。

股價上漲時，用「分批停利」讓獲利最大化

即使沒有出現任何利空消息，原本持續上漲的多頭趨勢一旦反轉向下，通常都在暗示些什麼。可能是還沒有公諸於世的業績惡化、醜聞等麻煩等等，即使當時還不明朗，但股價下跌背後肯定有什麼原因，當股價跌到設定的停損價，一定要快刀斬亂麻地賣掉，才能保護自己。

為了預防這種意料之外的狀況，投資成長股必須事先擬定漲到某個價位一定要先獲利了結、落袋為安的方案才開始買賣。並非所有的成長股都能漲到 2 倍、3 倍，多的是漲到一半就後繼無力，或開始下跌的個股。

當股價上漲後先賣掉一部分、漲到 2 倍再賣掉一半，讓自己處於零成本的狀態。這種「分批停利」的方式是在確定營收持續增加的情況下，讓持股獲利最大化的策略。

成長股都有其迷人的成長故事，投資人可能會因此愛上某支股票。如果相信該企業的成長動能，就必須長期持有，但是身為投資人也一定要隨時保持冷靜的觀點，才能在股票市場這個瞬息萬變的市場存活下來。

切勿被個股的成長故事蒙蔽雙眼，要隨時保持穩健的心態，冷靜地觀察企業的成長動能。

養大 10 倍雪球股的心態

◆ 賺錢的投資人

找到成長股買進

持股的股價漲到 2 倍先賣掉一半，落袋為安，進入「零成本」的狀態

耐著性子持有

以游刃有餘的心態，穩穩抱住 10 倍雪球股！

※ 冷靜地觀察企業的成長動能，一旦上升趨勢受到破壞，就要馬上賣掉（不要跟個股「談戀愛」）

結論

為了讓飆股開花結果，也需要「冷靜的防禦心態」。

投資獲利的祕訣，
就是持之以恆

　　真的非常感謝各位看到最後。

　　這本書是我身為一個投資人，透過投資中、小型股得到的感悟集大成。

　　投資股票是一門首重實踐、首重獲利的學問。無論再厲害的投資手法，若無法堅定不移地執行那套手法，投資股票就沒有任何意義。另一方面，為了堅定不移地實踐，如果沒做好萬全的心理準備，即使心裡知道，也無法動手。

　　換成另一種說法，要把心態轉換成能在日常生活的行動中逐一落實，「如果想靠投資累積資產該怎麼做才好」並採取行動。正因為能從一般的消費者思維轉換成投資贏家的思維，才能堅定不移地履行自己的投資手法。

　　為此必須從日常生活中的細節減少不必要的支出、從薪水

中撥出一部分做為投資的資金，不斷地再投資，直到達成目標金額。錯開時間分散投資，相信股價長期下來會落在與公司獲利相符的價位，屏蔽評論家不必要的意見，不怕失敗，積極地少額投資，累積經驗……唯有能將這套投資的劇本認為理所當然，才能以投資個股獲利。

不是看完這本書，投資就能馬上變得順利，即使看了再多理論，「知道」與「做到」還是兩回事。

我充分地理解到這點，因而寫下這本書，希望內容能對各位的投資有所幫助，也希望各位接下來都能從投資股票的過程中得到許多新發現。

當各位看這本書的時候，再對照自己的經驗，或許能理解到「原來長田在書中說的是這個意思啊！」

當自己感同身受的經驗談變成「投資哲學」烙印在腦海中，會使人變得更有信心。困惑時之所以能停下腳步回頭看，無非是因為曾經堅定不移地繼續投資。

最後再分享一件我認為在投資股票時非常重要的信念，「總之請堅持到底」。

僅此而已。

相信長期下來一定會成功，在不勉強的範圍內，以 10 年為單位，持續投資。

「持之以恆」，是靠投資股票賺錢最大的祕訣。

　　在各位長期投資的過程中，如果能從這本書裡哪怕只找到一個寶貴的心得，都是作者至高無上的喜悅。

　　最後請容我藉由這個機會，向跟我一起在投資股票的讀書會學習的三浦先生、平常跟我一起參加財經節目的 ON THE BOARD 股份有限公司的董事長和田先生、各位參加股票投資讀書會或國高中生讀書會的朋友、協助過我的所有人、對本書的概念及內容提出許多建議的 21 世紀 BOX 的鈴木先生、更重要的是拿起這本書的各位讀者，致上最誠摯的謝意。

富能量 049

投資高手的獲利思維

從賠光一切到累積近億資產！
專為月薪族打造、比本金和技術更重要的「贏家心態」養成指南

作　　者：長田淳司
譯　　者：賴惠鈴
責任編輯：賴秉薇
封面設計：蔡佩樺
內文設計：王氏研創藝術有限公司

總 編 輯：林麗文
副 總 編：梁淑玲、黃佳燕
主　　編：高佩琳、賴秉薇、蕭歆儀
行銷企畫：林彥伶、朱妍靜

社　　長：郭重興
發行人兼出版總監：曾大福
出　　版：幸福文化／遠足文化事業股份有限公司
地　　址：231 新北市新店區民權路 108-1 號 8 樓
網　　址：https://www.facebook.com/
　　　　　happinessbookrep/
電　　話：（02）2218-1417
傳　　真：（02）2218-8057

發　　行：遠足文化事業股份有限公司
地　　址：231 新北市新店區民權路 108-2 號 9 樓
電　　話：（02）2218-1417
傳　　真：（02）2218-1142
電　　郵：service@bookrep.com.tw
郵撥帳號：19504465
客服電話：0800-221-029
網　　址：www.bookrep.com.tw

法律顧問：華洋法律事務所　蘇文生律師
印　　刷：中原造像股份有限公司
電　　話：（02）2226-9120
初版一刷：2022 年 11 月
定　　價：380 元

Printed in Taiwan
著作權所有侵犯必究
【特別聲明】有關本書中的言論內容，
不代表本公司／出版集團之立場與意見，
文責由作者自行承擔

國家圖書館出版品預行編目資料

投資高手的獲利思維：從賠光一切到累積近億資產！專為月薪族打造、比本金和技術更重要的「贏家心態」
養成指南 / 長田淳司著；賴惠鈴翻譯 . – 初版 . -- 新北市：幸福文化出版：遠足文化事業股份有限公司發行，
2022.11
　面；　公分
ISBN 978-626-7184-32-5（平裝）
1.CST: 股票投資 2.CST: 投資技術 3.CST: 投資分析
563.53　　　　　　　　　　　　　　　　　　　　　　　　　　　　　　111014086

KABU WA MENTAL GA 9WARI TOUSHIKA NOU NI KAWARANAKYA KABU
WA ISSHOU KATENAI
© JYUNJI NAGATA 2021
All rights reserved.
First published in Japan in 2021 by Futabasha Publishers Ltd., Tokyo.
Traditional Chinese translation rights arranged with Futabasha Publishers Ltd. Through Keio Cultural
Enterprise Co., Ltd.